高等职业教育创新型系列教材

市场营销法律法规

主　编　宣春霞　李雨静
副主编　张　薇　傅　兰　李　兵

北京理工大学出版社
BEIJING INSTITUTE OF TECHNOLOGY PRESS

版权专有 侵权必究

图书在版编目（CIP）数据

市场营销法律法规 / 宣春霞，李雨静主编. – – 北京：北京理工大学出版社，2021.7（2023.8 重印）

ISBN 978 – 7 – 5763 – 0070 – 3

Ⅰ．①市… Ⅱ．①宣… ②李… Ⅲ．①市场营销学 – 经济法 – 中国 – 高等学校 – 教材 Ⅳ．①D922.294

中国版本图书馆 CIP 数据核字（2021）第 140854 号

出版发行 / 北京理工大学出版社有限责任公司
社　　址 / 北京市海淀区中关村南大街 5 号
邮　　编 / 100081
电　　话 /（010）68914775（总编室）
　　　　　（010）82562903（教材售后服务热线）
　　　　　（010）68944723（其他图书服务热线）
网　　址 / http：//www.bitpress.com.cn
经　　销 / 全国各地新华书店
印　　刷 / 廊坊市印艺阁数字科技有限公司
开　　本 / 787 毫米 × 1092 毫米　1/16
印　　张 / 11　　　　　　　　　　　　　　　责任编辑 / 王俊洁
字　　数 / 246 千字　　　　　　　　　　　　文案编辑 / 王俊洁
版　　次 / 2021 年 7 月第 1 版　2023 年 8 月第 3 次印刷　　责任校对 / 周瑞红
定　　价 / 35.00 元　　　　　　　　　　　　责任印制 / 施胜娟

图书出现印装质量问题，请拨打售后服务热线，本社负责调换

前 言

本书立足于高职高专市场营销专业的教学实践，以培养学生的市场营销职业能力为核心，以就业为导向，以高职高专教育"双师技能型复合人才"培养目标为出发点，立足于市场营销专业技术岗位对相关法律知识与应用能力的需求，以市场营销岗位工作过程中需要的法律知识为主体，重点突出产品、价格、渠道、促销等相关法律的要求，力求使学生全面了解市场营销岗位涉及的相关法律法规的基本理论、基本知识，培养学生运用市场营销法律法规解决企业和市场营销岗位实际问题的职业能力。

本书吸收了我国最新的（截至 2021 年 4 月）经济及市场立法文献，合理设计了课程内容体系。其中，项目二根据 2021 年实施的《中华人民共和国民法典》编写；项目四中的《反不正当竞争法》根据 2019 年 4 月修订的《中华人民共和国反不正当竞争法》编写；项目五中的《产品质量法》根据 2018 年 12 月修订的《中华人民共和国产品质量法》编写。本书共包括九个项目，具体有营销企业法律、营销合同法律、营销人员法律、营销纠纷法律、营销产品法律、营销价格法律、营销渠道法律、营销促销法律、电子商务法律。

综上所述，本书编写具有以下特色：

1. 结构和内容体系完备，形式创新

本书秉承着教学趣味性与法律严肃性相结合的原则，力求理论联系实际，知识与案例相结合，突出重点理论知识，系统设置项目体系。每个项目前设置应用案例，每个模块前设置导读案例，这些案例都是现实生活中真实发生的典型案例（课程配套资源附有案例答案），顺应当前最新经济形势，方便教师教学，可增强学生自主学习的兴趣和能力；篇中设置课堂讨论与案例讨论（课程配套资源附有课堂讨论和案例讨论答案）；篇后设置课后练习，包括同步练习、案例分析与应用（课程配套资源附有同步练习及案例分析与应用答案）、实务操作训练以及以二维码形式出现的网络共享视频四个部分，并配以翔实的图片来强化项目的教学效果，培养学生分析问题和解决问题的能力，符合高等职业教育以技能型、应用型人才为主要培养目标的要求。

2. 市场营销专业理论知识与法律法规知识紧密结合，内容创新

本书通过将市场营销专业核心理论中的产品、价格、渠道、促销，即 4P 理论与法律法规理论相结合，系统地设置了营销企业法律、营销合同法律、营销人员法律、营销纠纷法律、营销产品法律、营销价格法律、营销渠道法律、营销促销法律、电子商务法律九个项目。在讲授法律知识的同时，巩固了营销专业知识；突出了与市场营销岗位相关联的法律知识。重点培养学生在现代市场营销中的法律意识和法律观念，使学生懂法、守法；同时培养学生分析与处理营销纠纷事件的能力，为学生后期走上工作岗位奠定专业与法律基础，有利于提高学生的综合素质，使之成为复合型技能人才。

3. 本书在内容的设计上，紧跟教育部要求，融入大量课程思政元素

党的二十大报告中提到，要"弘扬社会主义法治精神，传承中华优秀传统法律文化"，本书每个项目都设置了名人警句，书中大部分案例都来自国家司法部门网站上具有代表和指导意义的典型真实案例，对学生的学习具有启发和教育作用，让学生在学习课程的过程中自觉成为一名懂法、爱法、守法的好公民，"做社会主义法治的忠实崇尚者、自觉遵守者、坚定捍卫者"。

4. 校企融合，信息化配套资源丰富

为使本书更加贴近工作实际，本书诚邀了李兵（校企合作单位苏州新联谊会计师事务所副总经理，工商管理硕士）等有丰富企业实践经验的业内成功人士共同探讨编写思路，案例选取均以市场营销职业岗位工作过程中需要的法律知识为主体，突出内容的实践性和针对性。本书在泛雅网络教学综合服务平台建有在线课程，提供丰富的教学资源、学习资源等（网址：https://mooc1-1.chaoxing.com/course/217754348.html），其中包括电子课件、课程标准、授课计划、微课（9 节，共 45 分钟）、案例及答案、课堂讨论及答案、课后同步练习及答案、试题（2 套）等，从而让教师好教、学生好学。

本书建议设置 48 个学时，其中理论授课 38 个学时，技能训练 10 个学时。

本书由宣春霞、李雨静担任主编，由张薇、傅兰、李兵副主编；由李雨静负责全书的编辑、总纂、定稿。此外，本书在编写过程中参考了大量的报刊书籍和网站资料，谨向所有提供教学资源的平台及原著作者深表谢意！

由于编者水平有限，书中如有疏漏之处，恳请广大读者予以批评指正。

编 者

市场营销法律法规课程网站（泛雅平台）

目 录

项目一 营销企业法律 (1)
模块一 公司制企业法 (3)
模块二 合伙企业法 (19)
模块三 个人独资企业法 (26)
课后习题 (30)

项目二 营销合同法律 (33)
模块一 《中华人民共和国民法典》合同篇 (35)
模块二 合同的订立 (38)
模块三 合同的效力 (42)
模块四 合同的履行与保全 (44)
模块五 合同的担保 (48)
模块六 合同的转让、终止与责任 (54)
课后习题 (58)

项目三 营销人员法律 (61)
模块 劳动与社会保障法 (63)
课后习题 (71)

项目四 营销纠纷法律 (73)
模块一 消费者权益保护法 (75)
模块二 仲裁与诉讼 (86)
模块三 反不正当竞争法 (93)
模块四 反垄断法 (99)

课后习题 ……………………………………………………………… (106)

项目五　营销产品法律 …………………………………………………… (108)

　　模块一　产品质量法 …………………………………………………… (109)
　　模块二　工业产权法 …………………………………………………… (115)
　　课后习题 ……………………………………………………………… (126)

项目六　营销价格法律 …………………………………………………… (128)

　　模块　产品价格法律 …………………………………………………… (130)
　　课后习题 ……………………………………………………………… (135)

项目七　营销渠道法律 …………………………………………………… (137)

　　模块　直销与传销法 …………………………………………………… (138)
　　课后习题 ……………………………………………………………… (151)

项目八　营销促销法律 …………………………………………………… (153)

　　模块　广告法 …………………………………………………………… (154)
　　课后习题 ……………………………………………………………… (160)

项目九　电子商务法律 …………………………………………………… (162)

　　模块　电子商务法概述 ………………………………………………… (163)
　　课后习题 ……………………………………………………………… (168)

参考文献 …………………………………………………………………… (170)

项目一

营销企业法律

名人警句

法律是公民行为的准绳，公民以准绳唯命，一旦脱离，何去？何从？何喜？何忧？难了！

知识目标

1. 掌握公司的分类，股份有限公司、有限责任公司及国有独资公司的设立、变更和终止的法律规定，以及股票发行的主要内容。
2. 了解合伙企业的设立，合伙企业财产的转让，企业事务的执行、入伙和退伙，合伙企业的解散与清算。
3. 了解个人独资企业的设立和事务管理的法律规定等。

技能目标

1. 学生能够了解公司制企业、合伙制企业以及个人独资企业的设立要求，公司内部组织机构的设置及功能。
2. 学生能够运用所学知识解决公司在设立、运营过程中的简单法律问题。

知识导图

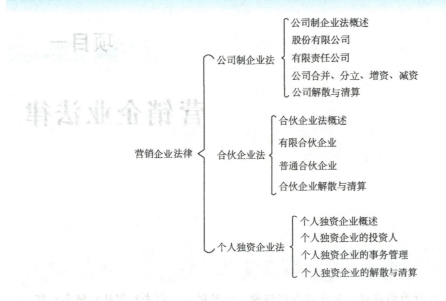

营销企业法律
- 公司制企业法
  - 公司制企业法概述
  - 股份有限公司
  - 有限责任公司
  - 公司合并、分立、增资、减资
  - 公司解散与清算
- 合伙企业法
  - 合伙企业法概述
  - 有限合伙企业
  - 普通合伙企业
  - 合伙企业解散与清算
- 个人独资企业法
  - 个人独资企业概述
  - 个人独资企业的投资人
  - 个人独资企业的事务管理
  - 个人独资企业的解散与清算

应用案例

上海凯岭食品有限公司（以下简称凯岭食品公司）、阮云高、K公司、W公司签订《中外合资企业合同》（以下简称《合同》）1份，拟在湖南临澧县境内成立中外合资经营企业，合资公司为中国法人，公司形式为有限责任公司。《合同》第五章约定公司注册资本为322.58万美元，折合人民币2 000万元，其中，中方投资为凯岭食品公司和阮云高共计出资人民币1 500万元，折合241.935万美元，占注册资本的75%（凯岭食品公司出资人民币1 480万元，折合238.709 2万美元，占注册资本的74%，阮云高出资人民币20万元，折合3.225 8万美元，占注册资本的1%），外方投资为K公司和W公司出资80.645万美元，折合人民币500万元，占注册资本的25%（K公司出资48.387万美元，折合人民币300万元，占注册资本的15%；W公司出资32.258万美元，折合人民币200万元，占注册资本的10%）。出资额在公司签发营业执照后两年内分批到位，其中首期到位161.29万美元，折合人民币1 000万元，余额两年内到位。《合同》还对双方的责任、生产经营目的、范围和规模、公司经营管理机构等内容作出约定。2013年11月28日，凯岭食品公司取得营业执照后登记成立，营业执照上登记的注册资本为2 000万元，经营期限为2013年11月28日至2063年11月27日，经营范围为食用植物油加工及产品自销。公司成立后，阮云高作为股东于2013年12月20日将5万元出资款缴付至公司账户。阮云高因病于2015年3月9日死亡，阮云高的继承人有魏某某、阮赅明、陈某某，魏某某系阮云高之妻，阮赅明系阮云高之子，陈某某系阮云高之母，2015年11月16日，魏某某作为申请人向湖北省通山县公证处申请继承权公证，湖北省通山县公证处出具的〔2015〕鄂通山证字第1123号《公证书》载明魏某某申请继承阮云高遗留的个人财产，阮贼明、陈某某表示放弃对阮云高的遗产继承权，被继承人阮云高的遗产由其妻子魏某某继承，《公证书》载明的阮云高遗产仅为阮云高生前养老保险金及住房公积金账户内的余额，不含本案所涉凯岭食品公司股权。凯岭食品公司成立后两年内，除阮云高外的其他公司股东依照《合同》及公司章程的约定将认缴的出资全部缴付至凯岭食品公司账户，阮云高除首笔缴付5万元出资款后，对余款15万元一直未予缴付，阮云高死亡后，阮云高的继承人也未在规定期间缴付，凯岭食品公司于2015年11月16日向阮云高的继承人作出通知书，要求其在2015年11月30日前将尚未缴付的出资款15万元缴付至公司账户，并以邮寄的方式向魏某某、阮贼明送达，但魏某某、阮贼明、陈某某未将差欠的认缴出资款缴付至公司账户，也未作出是否缴付的意思表示。由此双方产生诉讼纠纷。

案例思考题：本案法院应该如何判决？

应用案例答案

（案例来源：中国案例司法网，案例经编者加工整理）

模块一　公司制企业法

学习要点

1. 了解公司法的基本概念和特征。
2. 熟悉股份有限公司、有限责任公司、国有独资公司及个人独资公司的设立条件、程序、期限以及清算与解散等相关规定。

导读案例（此案例为思政元素）

丙公司由四位发起人设立，每人出资500万元，注册资本2000万元。其中，股东李某因缺乏足够的出资能力，拟向朋友陈某借款300万元。陈某听李某介绍该公司前景后，产生投资意愿，两人遂商定陈某作为隐名股东，投入300万元，股权登记在李某名下，相应的红利均由陈某享有。设立后的前四年，公司经营红火，陈某每年均从李某处取得分红款。从第五年开始，陈某未能再收到分红款，李某解释称公司经营不善。陈某对该解释不予认可，以股东身份要求行使知情权，被丙公司拒绝。

陈某诉至法院，要求确认其为丙公司股东，享有18%的股权。诉讼中，陈某、李某确认纠纷发生前丙公司及其他股东并不知晓两人关于隐名出资的约定。在此情况下，法院征求其他三位股东的意见，仅有一人不反对陈某成为公司股东，另两人明确表示基于之前与陈某不认识,不同意其成为公司股东。

案例思考题:法院该如何判决?

导读案例答案

(案例来源:江苏省高级人民法院网,案例经编者加工整理)

理论知识

一、公司制企业法概述

(一)公司概述

1. 公司的概念

教学视频

企业包含公司,公司是企业众多类型中的一种。公司是依法设立的,为了规范公司的组织和行为,保护公司、股东和债权人的合法权益,维护社会经济秩序,促进社会主义市场经济的发展,制定了公司法。《公司法》所称公司是指依照《公司法》在中国境内设立的有限责任公司和股份有限公司。公司是企业法人,有独立的法人财产,享有法人财产权。公司以其全部财产对公司的债务承担责任。有限责任公司的股东以其认缴的出资额为限对公司承担责任;股份有限公司的股东以其认购的股份为限对公司承担责任。公司股东依法享有资产收益、参与重大决策和选择管理者等权利。公司从事经营活动,必须遵守法律、行政法规,遵守社会公德、商业道德,诚实守信,接受政府和社会公众的监督,承担社会责任。

公司的内涵如下:

1)依法设立

依法设立是指公司必须依法定条件、法定程序设立。

2)以营利为目的

公司的设立必须以营利为目的。

3)具有法人资格

公司是企业法人,法律赋予其人的资格,即法律上的人。主要是独立的法人财产和独立承担民事责任。公司的典型形式是有限责任公司和股份有限公司,具有法人资格,股东以其认缴的出资额或认购的股份为限对公司承担有限责任。

2. 公司的分类

课堂讨论 1-1

子公司与分公司的区别是什么?

课堂讨论答案(1-1)

1) 以公司组织关系为划分标准，公司可以划分为以下几种
（1）母公司与子公司。

母公司是指持有另一个公司一定比例的股份，并实际控制该公司经营活动的公司。子公司是指由母公司投资并受母公司控制的公司。

母公司与子公司均为独立法人，各自承担自己的债务，互不牵连。这是母公司和子公司最基本的法律特征。

（2）总公司与分公司。

根据公司内部管辖系统不同，可把公司划分为总公司和分公司。总公司是指依法首先设立的管辖其全部组织的总机构。分公司是受本公司管辖的分支机构。分公司不是独立的民事主体，不具有独立的法人资格，其申请登记的程序也比较简单。

2) 按股东责任不同，可把公司分为无限公司、有限责任公司、股份有限公司、两合公司、股份两合公司

（1）无限公司是指股东对公司的债务承担无限连带责任的公司。

（2）有限责任公司是指股东以其认缴的出资额为限对公司债务承担有限责任，公司以其全部财产为限对外承担责任的公司。

（3）股份有限公司是指公司资本划分为等额股份，全体股东对公司债务仅以其所持的股份额为限承担责任的公司。

（4）两合公司是指一部分股东对公司债务承担无限责任，另一部分股东对公司债务仅以其出资额为限承担有限责任的公司。

（5）股份两合公司是指由股份公司与两合公司结合组成的公司。

（二）公司制企业法概述

《中华人民共和国公司法》（简称《公司法》）于1993年12月29日第八届全国人民代表大会常务委员会第五次会议通过。其间有过三次修正，根据2018年10月26日第十三届全国人民代表大会常务委员会第六次会议《关于修改〈中华人民共和国公司法〉的决定》进行了第四次修正。《公司法》所称公司是指依照本法在中国境内设立的有限责任公司和股份有限公司。

二、股份有限公司

（一）股份有限公司概述

股份有限公司是指由一定的股东发起设立，其全部资本由等额股份构成，并通过发行股票筹集资本，股东以其所持股份为限对公司承担有限责任，公司以其全部资产对公司债务承担责任的企业法人。

1. 设立方式

股份有限公司的设立方式有发起设立和募集设立。发起设立是指全体发起人认购公司发行的全部股份而设立的公司。募集设立是指发起人认购公司发行股份的一部分，其余股份向社会公开募集或者向特定对象募集而设立的公司。发起人出资方式有：发起人可以用货币出资，也可以用实物、知识产权、土地使用权等可以用货币估价并可以依法转让的非货币财产

作价出资。但是，法律、行政法规规定不得作为出资的财产除外。

2. 设立条件

1）发起人符合法定人数

股份有限公司应当有2人以上200人以下为发起人，其中须有半数以上的发起人在中国境内有住所。发起人是指依法筹办创立股份有限公司事务的人。发起人既可以是自然人，也可以是法人；既可以是中国公民，也可以是外国公民。

2）注册资本

注册资本的相关规定有以下几个：

（1）法律、行政法规及国务院决定对股份有限公司注册资本实缴、注册资本最低限额另有规定的，从其规定。

（2）股份有限公司采取发起设立方式设立的，注册资本为在公司登记机关登记的全体发起人认购的股本总额。在发起人认购的股份缴足前，不得向他人募集股份。

（3）股份有限公司采取募集方式设立的，注册资本为在公司登记机关登记的实收股本总额，已由股东认购但实际并未缴纳的部分，不得计入公司的注册资本额中。全部发起人认购的股份不得少于公司股份总数的35%。

3）发起人制定公司章程

采用募集方式设立的，须经创立大会通过。

4）有组织机构和公司名称

股份有限公司是大企业的组织形式，法律对其组织机构要求比较严格。公司名称是公司设立的必要条件，公司对该名称享有专用权。

5）有公司住所

3. 设立程序

1）发起设立股份有限公司的程序

（1）发起人书面认足公司章程规定其认购的股份。

（2）缴纳出资。

（3）选举董事会和监事会。

（4）申请设立登记。

2）以募集设立方式设立股份有限公司的程序

（1）发起人发起。

（2）发起人制定公司章程并认购股份。

（3）召开创立大会。发起人应当自股款缴足之日起30日内，主持召开公司创立大会。创立大会应由代表股份总数过半数的发起人、认股人出席，方可举行。创立大会作出决议，必须经出席会议的认股人所持表决权过半数通过。

（4）申请设立登记。董事会应于创立大会结束后30日内，向公司登记机关报送下列文件，申请设立登记：

①公司登记申请书、创立大会的会议记录、公司章程、验资证明；

②法定代表人、董事、监事的任职文件及其身份证明，发起人的法人资格证明或者自然人身份证明，公司住所证明。

(二)股份有限公司的组织机构

1. 股东大会

1)有限责任公司股东会由全体股东组成

股东会是公司的权力机构,依照《公司法》行使职权。股东会行使下列职权:

(1)决定公司的经营方针和投资计划。

(2)选举和更换非由职工代表担任的董事、监事,决定有关董事、监事的报酬事项。

(3)审议批准董事会的报告。

(4)审议批准监事会或者监事的报告。

(5)审议批准公司的年度财务预算方案、决算方案。

(6)审议批准公司的利润分配方案和弥补亏损方案。

(7)对公司增加或者减少注册资本作出决议。

(8)对发行公司债券作出决议。

(9)对公司合并、分立、解散、清算或者变更公司形式作出决议。

(10)修改公司章程。

(11)公司章程规定的其他职权。

对前款所列事项,股东以书面形式一致表示同意的,可以不召开股东会会议,直接作出决定,并由全体股东在决定文件上签名、盖章。

2)股东大会会议形式

股份有限公司的股东大会分为股东年会和临时股东大会两种。

股东年会是指依照法律和公司章程的规定每年按时召开的股东大会。股东大会应当每年召开1次年会。临时股东大会是指股份有限公司在出现召开临时股东大会的法定事由时,应当在法定期限2个月内召开的股东大会。《公司法》规定,有下列情形之一的,应当在2个月内召开临时股东大会:

(1)董事人数不足《公司法》规定人数或公司章程所定人数的2/3情形。

(2)公司未弥补的亏损达实收股本总额1/3时的情形。

(3)单独或合计持有公司10%以上股份的股东请求的情形。

(4)董事会认为必要的情形。

(5)监事会提议召开的情形。

(6)其他情形。

2. 董事会

股份有限公司设董事会,其成员为5~19人。

董事会成员中可以有公司职工代表。董事会中的职工代表由公司职工通过职工代表大会、职工大会或者其他形式民主选举产生。

董事会设董事长一人,可以设副董事长。董事长和副董事长由董事会以全体董事的过半数选举产生。

董事长召集和主持董事会会议,检查董事会决议的实施情况。副董事长协助董事长工作，董事长不能履行职务或者不履行职务的，由副董事长履行职务；副董事长不能履行职务或者不履行职务的，由半数以上董事共同推举一名董事履行职务。

董事会每年度至少召开两次会议，每次会议应当于会议召开10日前通知全体董事和监事。代表1/10以上表决权的股东、1/3以上董事或者监事，可以提议召开董事会临时会议。董事长应当自接到提议后10日内，召集和主持董事会会议。

董事会召开临时会议，可以另定召集董事会的通知方式和通知时限。

董事会会议应有过半数的董事出席方可举行。董事会作出决议，必须经全体董事的过半数通过。

董事会决议的表决，实行一人一票。

董事会会议，应由董事本人出席；董事因故不能出席，可以书面委托其他董事代为出席，委托书中应载明授权范围。

董事会应当把对会议所议事项的决定做成会议记录，出席会议的董事应当在会议记录上签名。

董事应当对董事会的决议承担责任。董事会的决议违反法律、行政法规或者公司章程、股东大会决议，致使公司遭受严重损失的，参与决议的董事对公司负赔偿责任。但经证明在表决时曾表明异议并记载于会议记录的，该董事可以免除责任。

董事会对股东会负责，行使下列职权：

（1）召集股东会会议，并向股东会报告工作。
（2）执行股东会的决议。
（3）决定公司的经营计划和投资方案。
（4）制定公司的年度财务预算方案、决算方案。
（5）制定公司的利润分配方案和弥补亏损方案。
（6）制定公司增加或者减少注册资本以及发行公司债券的方案。
（7）制定公司合并、分立、解散或者变更公司形式的方案。
（8）决定公司内部管理机构的设置。
（9）决定聘任或者解聘公司经理及其报酬事项，并根据经理的提名决定聘任或者解聘公司副经理、财务负责人及其报酬事项。
（10）制定公司的基本管理制度。
（11）公司章程规定的其他职权。

3. 经理

经理由董事会任免，是负责公司日常管理事务的高级管理人员。经理对董事会负责，其职权包括：

（1）主持公司的生产经营管理工作，组织实施董事会决议。
（2）组织实施公司年度经营计划和投资方案。
（3）拟定公司内部管理机构设置方案。
（4）拟定公司的基本管理制度。
（5）制定公司的具体规章。
（6）提请聘任或者解聘公司副经理、财务负责人。

(7) 决定聘任或者解聘除应由董事会决定聘任或者解聘以外的负责管理人员。
(8) 董事会授予的其他职权。

4. 监事会

监事会由股东代表和适当比例的公司职工代表组成，具体比例由公司章程规定。监事会成员不得少于3人，监事会应在其组成人员中推选1名召集人。监事会中的职工代表由公司职工民主选举产生。董事、经理以及财务人员不得兼任监事。监事的任期每届为3年，监事任期届满，连选可连任。监事会设主席1人，可以设副主席。监事会主席和副主席由全体监事过半数选举产生。

监事会、不设监事会的公司的监事行使下列职权：

(1) 检查公司财务。
(2) 对董事、高级管理人员执行公司职务的行为进行监督，对违反法律、行政法规、公司章程或者股东会决议的董事、高级管理人员提出罢免的建议。
(3) 当董事、高级管理人员的行为损害公司的利益时，要求董事、高级管理人员予以纠正。
(4) 提议召开临时股东会会议，在董事会不履行《公司法》规定的召集和主持股东会会议职责时召集和主持股东会会议。
(5) 向股东会会议提出提案。
(6) 依照《公司法》第151条的规定，对董事、高级管理人员提起诉讼。
(7) 公司章程规定的其他职权。

（三）公司董事、监事、高级管理人员的要求和义务

1. 以下人员不得担任公司的董事、监事和高级管理人员

(1) 无民事行为能力或限制民事行为能力的人。
(2) 因贪污、贿赂、侵占财产、挪用财产或破坏社会主义市场经济秩序，被判处刑罚，执行期满未逾5年，或者因犯罪被剥夺政治权利，执行期满未逾5年的人。
(3) 担任破产清算的公司、企业的董事或厂长、经理，对该公司、企业的破产负有个人责任的，自该公司、企业破产清算完结之日起未逾3年的。
(4) 担任因违法被吊销营业执照、责令关闭的公司、企业的法定代表人，并负有个人责任的，自该公司、企业被吊销营业执照之日起未逾3年的。
(5) 个人所负数额较大的债务到期未清偿的人。

公司董事、监事和高级管理人员在任职期间出现上述所列情形的，公司应当解除其职务。

2. 公司董事、监事和高级管理人员的义务

公司董事、监事和高级管理人员不得有下列行为：

(1) 挪用公司资金。
(2) 将公司资金以其个人名义或以其他个人名义开立账户存储。
(3) 违反公司章程的规定，未经股东会、股东大会或董事会同意，将公司资金借贷给

他人或以公司财产为他人提供担保。

（4）违反公司章程的规定或未经股东会、股东大会同意，与本公司订立合同或进行交易。

（5）未经股东会或股东大会同意，利用职务便利为自己或他人谋取属于公司的商业机会，自营或为他人经营与所任公司同类的业务。

（6）接受他人与公司交易的佣金归为己有。

（7）擅自披露公司秘密。

（8）违反对公司忠实义务的其他行为。

公司董事和高级管理人员违反上述规定所得的收入应当归公司所有。

公司董事、监事和高级管理人员执行公司职务时违反法律、行政法规或公司章程的规定，给公司造成损失的，应当承担赔偿责任。

（四）股份有限公司股票的发行与转让

股份有限公司的资本划分为股份，每一股的金额相等。股份有限公司的股份采取股票的形式。

1. 股票的发行

股票的发行，是指股份有限公司为筹集资金而分配或出售股份的法律行为。股票发行，应当实行公平、公正的原则，同种类的每一股份应当具有同等权利。任何单位或者个人所认购的股份，每股应当支付相同的价额。股票采用纸面形式或者国务院证券监督管理机构规定的其他形式。股票应当载明下列主要事项：

（1）公司名称。

（2）公司成立日期。

（3）股票种类、票面金额及代表的股份数。

（4）股票的编号。

股份有限公司可以发行记名股票，也可以发行无记名股票。公司向发起人、法人发行的股票，应当为记名股票，并应当记载该发起人、法人的名称或者姓名，不得另立户名或者以代表人姓名记名。公司发行新股，股东大会应当对下列事项作出决议：

（1）新股种类及数额。

（2）新股发行价格。

（3）新股发行的起止日期。

（4）向原有股东发行新股的种类及数额。

2. 股份转让

股份转让是指股票持有人依法将其所持有的股票转让给他人，使他人成为公司股东的法律行为。股份转让的方式因股票的种类不同而有所不同：①记名股票以背书的方式或者法律、行政法规规定的形式转让。以背书方式转让是指出让人将转让股票的意见记录于股票的背面，并签名盖章、注明日期。记名股的受让人还必须按照法律和公司章程的有关规定办理过户手续。②无记名股票的转让，由股东将股票交付给受让人，即发生转让法律效力。

根据《公司法》的规定，公司原则上不得收购本公司的股份，但有下列情形之一的除外：①减少公司注册资本；②与持有本公司股份的其他公司合并；③将股份奖励给本公司职工；④股东因对股东大会作出的公司合并、分立决议持异议，要求公司收购其股份；⑤将股份用于转换上市公司发行的可转换为股票的公司债券；⑥上市公司为维护公司价值及股东权益所必需。

（五）上市公司组织机构的特别规定

《公司法》所称上市公司，是指其股票在证券交易所上市交易的股份有限公司。

(1) 上市公司在一年内购买、出售重大资产或者担保金额超过公司资产总额30%的，应当由股东大会作出决议，并经出席会议的股东所持表决权的2/3以上通过。

(2) 上市公司设独立董事，具体办法由国务院规定。

(3) 上市公司设董事会秘书，负责公司股东大会和董事会会议的筹备、文件保管以及公司股东资料的管理，办理信息披露事务等事宜。

(4) 上市公司董事与董事会会议决议事项与所涉及的企业有关联关系的，不得对该项决议行使表决权，也不得代理其他董事行使表决权。该董事会会议由过半数的无关联关系董事出席即可举行，董事会会议所作决议须经无关联关系董事过半数通过。出席董事会的无关联关系董事人数不足3人的，应将该事项提交上市公司股东大会审议。

三、有限责任公司

有限责任公司也称有限公司，是指由股东共同出资，股东以其出资额为限对公司承担责任，公司以其全部资产对公司债务承担责任的企业法人。

（一）有限责任公司的设立条件

1. 股东符合法定人数

《公司法》规定，有限责任公司由50个以下股东出资设立，有限责任公司在设立人数上只有上限而没有下限。股东既可以是自然人，也可以是法人。

2. 有符合公司章程规定的全体股东认缴的出资额

注册资本是指公司向公司登记机关登记的出资额，即经登记公司登记确认的资本。有限责任公司的注册资本为在公司登记机关登记的全体股东认缴的出资额。法律、行政法规以及国务院决定对有限责任公司注册资本实缴、注册资本最低限额另有规定的，从其规定。

股东可以用货币出资，也可以用实物、知识产权、土地使用权等可以用货币估价并可以依法转让的非货币财产作价出资，但是，法律、行政法规规定不得作为出资的财产除外。对作为出资的非货币财产应当评估作价，核实财产，不得高估或低估作价。股东以非货币财产出资的，应当依法办理其财产权的转移手续。

3. 股东共同制定公司章程

根据《公司法》第25条规定，公司章程是记载公司组织、活动基本准则的公开性法律文件。设立有限责任公司必须由股东共同依法制定公司章程，有限责任公司章程应当载明下列事项：公司名称和住所、公司经营范围、公司注册资本、股东的姓名或名称、股东的出资方式、出资额和出资时间、公司的机构及产生办法、职权和议事规则、公司法定代表人、股东会会议认为需要规定的其他事项，如股东的权利和义务、股东转让股权的条件等。

股东应当在公司章程上签名、盖章。

4. 有合适的组织机构和公司名称

公司应当设立符合有限责任公司要求的组织机构，即股东会、董事会或执行董事、监事会或监事等。公司的名称是公司的标志，公司设立自己的名称时，必须符合法律、法规的规定，应当经过公司登记管理机关预先核准登记，名称中需标明"有限责任公司"或者"有限公司"字样。

5. 有固定的生产经营场所和必要的生产经营条件

(二) 有限责任公司的设立程序

1. 发起人发起

发起人应当签订发起人协议。

2. 制定公司章程

章程是公司成立后从事活动的基本规范和要求。

3. 名称预先审批

设立有限责任公司，应当由全体股东指定的代表或共同委托的代理人向公司登记机关申请名称预先审批。申请名称冠以"中国""中华""国家""全国""国际"字词的，须提交国务院的批准文件复印件。名称经核准登记，发给《公司名称预先核准通知书》，保留期为6个月。预先核准的公司名称在保留期内，不得用于从事经营活动，不得转让。

4. 报经有关部门批准

公司的成立必须依法获得相关部门的批准。

5. 申请公司设立登记

董事会或者执行董事负责向登记主管机关申请设立登记。

股东认足公司章程规定的出资后，由全体股东指定的代表或共同委托的代理人向公司登记机关报送公司登记申请书、公司章程等文件，申请设立登记。

6. 颁发营业执照

公司经核准登记后，领取公司营业执照，公司企业法人营业执照签发日期为公司成立日期。有限责任公司应当置备股东名册。

(三) 有限责任公司的组织机构

1. 股东会

有限责任公司股东会由全体股东组成，是公司的权力机构。

1）股东会的职权

有限责任公司的股东会职权与股份有限公司的股东大会相同。

2）股东会的议事原则

表决行使权，股东会会议由股东按照出资比例行使表决权，但公司章程另有规定的除外。根据《公司法》的规定修改公司章程、增加或者减少注册资本的决议，以及公司合并、分立、解散或者变更公司形式的决议，必须经代表2/3以上表决权的股东通过。

股东会会议因召开的原因和时间不同，分为首次会议、定期会议和临时会议。首次会议即有限责任公司成立后的第一次股东会会议，由出资最多的股东召集和主持，依法行使职权。定期会议应当按照公司章程的规定按时召开，一般情况下一年召开一次。临时会议是指定期会议召开时间之外临时召开的股东会。根据《公司法》的规定，有限责任公司代表1/10以上表决权的股东，1/3以上的董事，监事会或不设监事会的公司的监事提议召开临时会议的，应当召开临时会议。

《公司法》规定，首次股东会会议由出资最多的股东召集和主持，以后的股东会会议，根据公司是否设立董事会而有所不同。公司设立董事会的，由董事会召集，董事长主持；董事长不能履行职务或不履行职务的，由副董事长主持；副董事长不能履行职务或不履行职务的，由半数以上董事共同推举1名董事主持。公司不设董事会的，股东会会议由执行董事召集和主持。董事会或执行董事不能履行或不履行召集股东会会议职责的，由监事会或不设监事会的公司的监事召集和主持；监事会或监事不召集和主持的，代表1/10以上表决权的股东可以自行召集和主持。

召开股东会会议，应当于会议召开15日前通知全体股东；但是，公司章程另有规定或全体股东另有约定的除外。股东会应当把对所议事项的决定做成会议记录，出席会议的股东应当在会议记录上签名。

2. 董事会

董事会是公司股东会的执行机构，对股东会负责。董事会会议由董事长召集和主持；董事长不能履行职务或不履行职务的，由副董事长召集和主持；副董事长不能履行职务或不履行职务的，由半数以上董事共同推举1名董事召集和主持。

1）董事会的成立

有限责任公司设董事会，其成员为3~13人。2个以上的国有企业或2个以上其他的国有投资主体投资设立的有限责任公司，其董事会成员中应当有公司职工代表；其他有限责任公司董事会成员中也可以有公司职工代表。董事会中的职工代表由公司职工通过职工代表大会、职工大会或其他形式民主选举产生。

董事会设董事长1人，可以设副董事长。董事长、副董事长的产生办法由公司章程规定。

有限责任公司股东人数较少或规模较小的，可以设1名执行董事，不设董事会。董事任期由公司章程规定，但每届任期不得超过3年。董事任期届满，连选可以连任。

2）董事会的职权

董事会对股东大会负责，行使下列职权：召集股东会会议，并向股东会报告工作；执行股东会的决议；决定公司的经营计划和投资方案；制定公司的年度财务预算方案和决算方案；制定公司的利润分配方案和弥补亏损方案；制定公司增加或减少注册资本及发行公司债券的方案；制定公司合并、分立、变更公司形式和解散的方案；决定公司内部管理机构的设置；决定聘任或解聘公司经理及其报酬事项，并根据经理的提名决定聘任或解聘公司副经理、财务负责人及其报酬事项；制定公司的基本管理制定；公司章程规定的其他职权。

3）董事会的议事原则

董事会的议事方式和表决程序由公司章程规定。会议的召开须提前10日通知全体董事，董事会决议的表决，实行一人一票。董事会应当把对所议事项的决定做成会议记录，出席会议的董事应当在会议记录上签名。

3. 经理

有限责任公司可以设经理，由董事会决定聘任或解聘。经理对董事会负责，并列席董事会会议。经理对董事会负责，行使下列职权：主持公司的生产经营管理工作，组织实施董事会决议；组织实施公司年度经营计划和投资方案；拟定公司内部管理机构设置方案；拟定公司的基本管理制度；制定公司的具体规章；提请聘任或解聘公司副经理、财务负责人；决定聘任或解聘除应由董事会决定聘任或解聘以外的负责管理人员；董事会授予的其他职权。

4. 董事、经理不得有下列行为

（1）挪用公司资金。

（2）将公司资金以其个人名义或者以其他个人名义开立账户存储。

（3）违反公司章程的规定，未经股东会、股东大会或者董事会同意，将公司资金借贷给他人或者以公司财产为他人提供担保。

（4）违反公司章程的规定或者未经股东会、股东大会同意，与本公司订立合同或者进行交易。

（5）未经股东会或者股东大会同意，利用职务便利为自己或者他人谋取属于公司的商业机会，自营或者为他人经营与所任职公司同类的业务。

（6）接受他人与公司交易的佣金归己有。

（7）擅自披露公司秘密。

（8）违反对公司忠实义务的其他行为。

5. 监事会

监事会每年度至少召开一次会议，监事会决议应当经半数以上监事通过。

1）监事会的人员设置

监事会成员不得少于3人。监事会应当包括股东代表和适当比例的公司职工代表，其中职工代表的比例不得低于1/3，具体比例由公司章程规定。监事会中的职工代表由公司职工通过职工代表大会、职工大会或者其他形式民主选举产生。

监事的任期每届为3年，监事任期届满，连选可以连任。监事任期届满未及时改选，或者监事在任期内辞职导致监事会成员低于法定人数的，在改选出的监事就任前，原监事仍应当依照法律、行政法规和公司章程的规定，履行监事职务。

2）监事会的职权

监事会及其成员行使下列职权：检查公司财务；对董事、高级管理人员执行公司职务的行为进行监督，对违反法律、行政法规、公司章程或股东会决议的董事和高级管理人员提出罢免的建议；当董事、高级管理人员的行为损害公司的利益时，要求董事和高级管理人员予以纠正；召开临时股东会会议，在董事会不履行规定的召集和主持股东会会议职责时召集和主持股东会会议；向股东会会议提出提案；依照《公司法》的规定，对董事和高级管理人员提起诉讼；公司章程规定的其他职权。

（四）国有独资公司

《公司法》规定，国有独资公司的设立和组织机构适用以下特别规定，没有特别规定的，适用有限责任公司的相关规定。

（1）国有独资公司章程由国有资产监督管理机构制定，或者由董事会制定报国有资产监督管理机构批准。

（2）国有独资公司不设股东会，由国有资产监督管理机构行使股东会职权。国有资产监督管理机构可以授权公司董事会行使股东会的部分职权，决定公司的重大事项，但公司的合并、分立、解散、增加或减少注册资本和发行公司债券，必须由国有资产监督管理机构决定；其中，重要的国有独资公司合并、分立、解散、申请破产的，应当由国有资产监督管理机构审核后，报本级人民政府批准。

（3）国有独资公司设立董事会。董事每届任期不得超过3年，董事会成员中应当有公司职工代表，董事会成员由国有资产监督管理机构委派，董事会成员中应当有公司职工代表，职工代表由公司职工代表大会选举产生。

（4）国有独资公司设经理，由董事会聘任或解聘。经国有资产监督管理机构同意，董事会成员可以兼任经理。

（5）国有独资公司的董事长、副董事长、董事和高级管理人员，未经国有资产监督管理机构同意，不得在其他有限责任公司、股份有限公司或其他经济组织兼职。

（6）国有独资公司监事会成员不得少于5人，其中职工代表的比例不得低于1/3，监事会成员由国有资产监督管理机构委派，但监事会的职工代表由职工代表大会选举产生。

（五）一人有限责任公司

根据《公司法》的规定，一个自然人股东或者一个法人股东可以设立有限责任公司。

（1）一个自然人只能投资设立一个一人有限责任公司。该一人有限责任公司不能投资设立新的一人有限责任公司。

（2）一人有限责任公司应当在公司登记中注明自然人独资或者法人独资，并在公司营业执照中载明。

（3）一人有限责任公司章程由股东制定。

（4）一人有限责任公司不设股东会。股东依法行使股东会权利时，应当采用书面形式，并由股东签名后置备于公司。

（5）一人有限责任公司应当在每一会计年度终了时编制财务会计报告，并经会计师事务所审计。

(6) 一人有限责任公司的股东不能证明公司财产独立于股东自己财产的，应当对公司债务承担连带责任。

（六）有限责任公司的股权转让

1. 股东之间转让股权

股东之间可以相互转让其全部或部分股权。

2. 股东向股东以外的人转让股权

《公司法》规定，股东向股东以外的人转让股权，应经由其他股东过半数同意。股东应就其股权转让事项，书面通知其他股东征求同意，其他股东自接到书面通知之日起满30日未答复的，视为同意转让。其他股东半数以上不同意转让的，不同意的股东应购买该转让的股权；不购买的，视为同意转让。

3. 人民法院强制转让股东股权

人民法院依照强制执行程序转让股东的股权时，应通知公司及全体股东，其他股东在同等条件下有优先购买权。其他股东自人民法院通知之日起满20日不行使优先购买权的，视为放弃优先购买权。

（七）有限责任公司股东退出公司

1. 股东退出公司的条件

《公司法》规定，有下列情形之一的，对股东会该项决议投反对票的股东可以请求公司按照合理的价格收购其股权，退出公司：①公司连续5年不向股东分配利润，而公司该5年连续盈利，并且符合《公司法》规定的分配利润条件的；②公司合并、分立、转让主要财产的；③公司章程规定的营业期限届满或章程规定的其他解散事由出现，股东会会议通过决议修改章程使公司存续的。

2. 股东退出公司的程序

股东退出公司时，应当首先请求公司收购其股权，请求不成功，可依法向人民法院提起诉讼。股东请求公司收购其股权，应当尽量通过协商的方式解决。自股东会会议决议通过之日起60日内，股东与公司不能达成股权收购协议的，股东可以自股东会会议决议通过之日起90日内向人民法院提起诉讼。

> **案例讨论1-1**
>
> 江某是KD公司的唯一股东。2015年3月，江某与王某签订股权转让协议，约定江某将股权转让给王某，王某向江某支付股权转让款130万元，支付方式为KD公司申请的银行贷款通过后，于一个月内支付完毕；KD公司对YL公司享有的债权也归江某所有；办理完移交手续后，江某愿意放弃KD公司股东所有权益，KD公司与江某也无任何关系。协议签订后，KD公司在工商登记管理部门的股东变更为王某，但KD公司未支付该130

万元,江某遂提起诉讼,要求王某向其支付股权转让款130万元。王某抗辩称,股权转让协议约定的付款主体是KD公司,且付款前提是KD公司申请的贷款获得审批,现KD公司未从银行借到相应款项,无力支付。

案例思考题:法院应该如何审判?

案例讨论答案(1-1)

四、公司合并、分立、增资、减资

(一) 合并与分立

公司合并可以采取吸收合并或者新设合并。一个公司吸收其他公司为吸收合并,被吸收的公司解散。两个以上公司合并设立一个新的公司为新设合并,合并各方解散。公司合并,应当由合并各方签订合并协议,并编制资产负债表及财产清单。公司应当自作出合并决议之日起10日内通知债权人,并于30日内在报纸上公告。债权人自接到通知书之日起30日内,未接到通知书的自公告之日起45日内,可以要求公司清偿债务或者提供相应的担保。

公司合并时,合并各方的债权、债务,应当由合并后存续的公司或者新设的公司承继。

公司分立,其财产作相应的分割。公司分立,应当编制资产负债表及财产清单。公司应当自作出分立决议之日起10日内通知债权人,并于30日内在报纸上公告。公司分立前的债务由分立后的公司承担连带责任。但是,公司在分立前与债权人就债务清偿达成的书面协议另有约定的除外。

(二) 增资与减资

有限责任公司增加注册资本时,股东认缴新增资本的出资,依照《公司法》设立有限责任公司缴纳出资的有关规定执行。股份有限公司为增加注册资本发行新股时,股东认购新股,依照《公司法》设立股份有限公司缴纳股款的有关规定执行。

公司需要减少注册资本时,必须编制资产负债表及财产清单。公司应当自作出减少注册资本决议之日起10日内通知债权人,并于30日内在报纸上公告。债权人自接到通知书之日起30日内,未接到通知书的自公告之日起45日内,有权要求公司清偿债务或者提供相应的担保。

公司合并或者分立,登记事项发生变更的,应当依法向公司登记机关办理变更登记;公司解散的,应当依法办理公司注销登记;设立新公司的,应当依法办理公司设立登记。

公司增加或者减少注册资本,应当依法向公司登记机关办理变更登记。

五、公司解散与清算

(一) 解散

公司解散是指依法成立的公司,因发生法律或公司章程规定的解散事由而停止其业务活动,最终失去法律人格的法律行为。根据《公司法》的规定,公司解散的原因有以下五种情形:①公司章程规定的营业期限届满或者公司章程规定的其他解散事由出现;②股东会或者股东大会决议解散;③因公司合并或者分立需要解散;④依法被吊销营业执照、责令关闭或者被撤销;⑤人民法院依法予以解散。

(二) 清算

《公司法》规定,有限责任公司的清算组由股东组成,股份有限公司的清算组由董事或者股东大会确定的人员组成。逾期不成立清算组进行清算的,债权人可以申请人民法院指定有关人员组成清算组进行清算。人民法院应当受理该申请,并及时组织清算组进行清算。

债权人应当自接到通知书之日起30日内,未接到通知书的自公告之日起45日内,向清算组申报债权。债权人申报债权,应当说明债权的有关事项,并提供证明材料。清算组应当对债权进行登记。在申报债权期间,清算组不得对债权人进行清偿。

公司财产在分别支付清算费用、职工的工资、社会保险费用和法定补偿金,缴纳所欠税款,清偿公司债务后的剩余财产,有限责任公司按照股东的出资比例分配,股份有限公司按照股东持有的股份比例分配。

案例讨论1-2

原告林方诉称:A公司经营管理发生严重困难,公司陷入僵局且无法通过其他方法解决,其权益遭受重大损害,请求解散A公司。

被告A公司及戴明辩称:A公司及其下属分公司运营状态良好,不符合公司解散的条件,戴明与林方的矛盾有其他解决途径,不应通过司法程序强制解散公司。

法院经审理查明:A公司成立于2002年1月,林方与戴明系该公司股东,各占50%的股份,戴明任公司法定代表人及执行董事,林方任公司总经理兼公司监事。A公司章程明确规定,股东会的决议须经代表1/2以上表决权的股东通过,但对公司增加或减少注册资本、合并、解散、变更公司形式、修改公司章程作出决议时,必须经代表2/3以上表决权的股东通过。股东会会议由股东按照出资比例行使表决权。2006年起,林方与戴明两人之间的矛盾逐渐显现。同年5月9日,林方提议并通知召开股东会,由于戴明认为林方没有召集会议的权利,会议未能召开。同年6月6日、8月8日、9月16日、10月10日、10月17日,林方委托律师向A公司和戴明发函称,因股东权益受到严重侵害,林方作为享有公司股东会1/2表决权的股东,已按公司章程规定的程序表决并通过了解散A公司的决议,要求戴明提供A公司的财务账册等资料,并对A公司进行清算。同年6月17日、9月7日、10月13日,戴明回函称,林方作出的股东会决议没有合法依据,戴明不同意解散公司。同年11月15日、25日,林方再次向A公司和戴明发函,要求A公司和戴明提供公司财务账册等供其查阅、分配公司收入、解散公司。

江苏常熟服装城管理委员会(简称服装城管委会)证明A公司目前经营尚正常,且愿意组织林方和戴明进行调解。

另查明,A公司章程载明监事行使下列权利:检查公司财务;对执行董事、经理执行公司职务时违反法律、法规或者公司章程的行为进行监督;当董事和经理的行为损害公司的利益时,要求董事和经理予以纠正;提议召开临时股东会。从2006年6月1日至2009年12月30日,A公司未召开过股东会。服装城管委会调解委员会于2009年12月15日、16日两次组织双方进行调解,但均未成功。

案例思考题:法院应该如何审判?

案例讨论答案(1-2)

模块二 合伙企业法

学习要点

1. 了解合伙企业法的基本内容。
2. 熟悉设立普通合伙企业、有限合伙企业的条件、程序、解散与清算等相关规定。

导读案例 (此案例为思政元素)

甲为厨师,甲、乙、丙三人约定开办饭馆。三人签订的合伙协议中约定:甲负责灶上事务;乙提供三间房屋并负责饭馆的经营,为负责人;丙出资金10万元,但不参加饭馆的事务处理;每年春节前结算,盈利按3:4:3的比例分配。后乙到工商管理部门办理了营业执照。开始三年,三人合作极好,每年按约定的比例分得利润。但第四年不仅没有盈利,反而欠下水产店货款5万元,水产店找乙要钱,乙提出应由丙还,因该饭馆为丙出资;水产店找丙要钱,丙则提出该饭馆是甲、乙合开的,自己不参加经营,只是借了10万元钱给他们,应由甲与乙还钱。

案例思考题:欠水产店的债务是何人的债务?应由何人偿还?为什么?

导读案例答案

理论知识

一、合伙企业法概述

(一)合伙企业的概念

合伙企业(即合伙制企业),是指自然人、法人和其他组织依照《中华人民共和国合伙企业法》(以下简称《合伙企业法》)在中国境内设立的普通合伙企业和有限合伙企业。

(二)合伙企业的种类

合伙企业分为有限合伙企业和普通合伙企业。

有限合伙企业由普通合伙人和有限合伙人组成，普通合伙人对合伙企业债务承担无限连带责任，有限合伙人以其认缴的出资额为限对合伙企业债务承担责任。

无限连带责任是指对某种债务负有连带性责任的人对债务人偿付债务承担的一种连带性义务，连带责任人有义务督促债务人偿付债务，当债务人无力偿付债务时，他有义务代其偿付。合伙企业和个人独资企业属于无限责任企业。

普通合伙企业由普通合伙人组成，合伙人对合伙企业债务承担无限连带责任。《合伙企业法》对普通合伙人承担责任的形式有特别规定的，从其规定。

二、有限合伙企业

（一）有限合伙企业设立的特殊规定

1. 有限合伙企业人数

《合伙企业法》规定，有限合伙企业由 2 人以上 50 人以下合伙人设立，法律另有规定的除外。有限合伙企业至少应当有 1 名普通合伙人；但是，法律另有规定的除外。有限合伙企业至少应当有 1 个普通合伙人。

2. 有限合伙企业名称

《合伙企业法》规定，有限合伙企业名称中应当标明"有限合伙"字样。

3. 有限合伙企业协议

有限合伙企业协议除符合普通合伙企业合伙协议的规定外，还应当载明下列事项：

（1）普通合伙人和有限合伙人的姓名或名称、住所。
（2）执行事务合伙人应具备的条件和选择程序。
（3）执行事务合伙人权限与违约处理办法。
（4）执行事务合伙人的除名条件和更换程序。
（5）有限合伙人入伙、退伙的条件、程序及相关责任。
（6）有限合伙人和普通合伙人相互转变程序。

4. 有限合伙人出资

《合伙企业法》规定，有限合伙人可以用货币、实物、知识产权、土地使用权或其他财产权利作价出资，有限合伙人不得以劳务出资。《合伙企业法》规定，有限合伙人应当按照合伙协议的约定期限足额缴纳出资；未按期足额缴纳的，应承担补缴义务，并对其他合伙人承担违约责任。

（二）有限合伙企业的事务管理

有限合伙企业由普通合伙人执行合伙事务。执行事务合伙人可以要求在合伙协议中确定执行事务的报酬及报酬提取方式。有限合伙人不执行合伙事务，不得对外代表有限合伙企业。

(三) 入伙与退伙

1. 入伙

新入伙的有限合伙人对入伙前有限企业的债务,以其认缴的出资额为限承担责任。

2. 退伙

有限合伙人出现下列情形时,当然退伙。
(1) 作为合伙人的自然人死亡或被依法宣告死亡。
(2) 作为合伙人的法人或其他组织依法被吊销营业执照、责令关闭和撤销,或者被宣告破产。
(3) 法律规定或合伙协议约定合伙人必须具有相关资格而丧失该资格。
(4) 合伙人在合伙企业中的全部财产份额被人民法院强制执行。

作为有限合伙人的自然人在有限合伙企业存续期间丧失民事行为能力的,其他合伙人不得因此要求其退伙。作为有限合伙人的自然人死亡、被依法宣告死亡或作为有限合伙人的法人及其他组织终止时,其继承人或权利承受人可以依法取得该有限合伙人在有限合伙企业中的资格。《合伙企业法》规定,有限合伙人退伙后,对基于其退伙前的原因发生的有限合伙企业债务,以其退伙时从有限合伙企业中取回的财产承担责任。

三、普通合伙企业

(一) 设立条件

设立合伙企业,应当具备下列条件:①有 2 个以上合伙人。合伙人为自然人的,应当具有完全民事行为能力;②有书面合伙协议;③有合伙人认缴或者实际缴付的出资;④有合伙企业的名称和生产经营场所;⑤法律、行政法规规定的其他条件。

合伙企业名称中应当标明"普通合伙"字样。

合伙人可以用货币、实物、知识产权、土地使用权或者其他财产权利出资,也可以用劳务出资。合伙人以实物、知识产权、土地使用权或者其他财产权利出资,需要评估作价的,可以由全体合伙人协商确定,也可以由全体合伙人委托法定评估机构评估。合伙人以劳务出资的,其评估办法由全体合伙人协商确定,并在合伙协议中载明。

合伙人应当按照合伙协议约定的出资方式、数额和缴付期限,履行出资义务。以非货币财产出资的,依照法律、行政法规的规定,需要办理财产权转移手续的,应当依法办理。合伙协议应当载明下列事项:①合伙企业的名称和主要经营场所的地点;②合伙目的和合伙经营范围;③合伙人的姓名或者名称、住所;④合伙人的出资方式、数额和缴付期限;⑤利润分配、亏损分担方式;⑥合伙事务的执行;⑦入伙与退伙;⑧争议解决办法;⑨合伙企业的解散与清算;⑩违约责任。

合伙协议经全体合伙人签名、盖章后生效。合伙人按照合伙协议享有权利,履行义务。修改或者补充合伙协议,应当经全体合伙人一致同意;但是,合伙协议另有约定的除外。合伙协议未约定或者约定不明确的事项,由合伙人协商决定;协商不成的,依照《合伙企业法》和其他有关法律、行政法规的规定处理。

(二) 普通合伙企业财产

合伙人的出资、以合伙企业名义取得的收益和依法取得的其他财产，均为合伙企业的财产。

(1) 合伙人在合伙企业清算前，不得请求分割合伙企业的财产；但是，《合伙企业法》另有规定的除外。合伙人在合伙企业清算前私自转移或者处分合伙企业财产的，合伙企业不得以此对抗善意第三人。

(2) 除合伙协议另有约定外，合伙人向合伙人以外的人转让其在合伙企业中的全部或者部分财产份额时，须经其他合伙人一致同意。合伙人之间转让在合伙企业中的全部或者部分财产份额时，应当通知其他合伙人。

(3) 合伙人向合伙人以外的人转让其在合伙企业中的财产份额的，在同等条件下，其他合伙人有优先购买权；但是，合伙协议另有约定的除外。

(4) 合伙人以外的人依法受让合伙人在合伙企业中的财产份额的，经修改合伙协议即成为合伙企业的合伙人，依照《合伙企业法》和修改后的合伙协议享有权利，履行义务。

(5) 合伙人以其在合伙企业中的财产份额出资的，须经其他合伙人一致同意；未经其他合伙人一致同意，其行为无效，由此给善意第三人造成损失的，由行为人依法承担赔偿责任。

(三) 普通合伙企业的事务执行

1. 合伙事务执行的两种方式

(1) 全体合伙人共同执行合伙事务。

(2) 委托一个或数个合伙人执行合伙事务。

2. 合伙人在执行合伙事务中的权利

(1) 合伙人对执行合伙事务享有同等的权利。

(2) 执行合伙事务的合伙人对外代表合伙企业。

(3) 不执行合伙事务的合伙人有权监督执行事务合伙人执行合伙事务的情况。

(4) 合伙人为了解合伙企业的经营状况和财务状况，有权查阅合伙企业的会计账簿等财务资料。

(5) 合伙人分别执行合伙事务的，执行事务合伙人可以对其他合伙人执行的事务提出异议。提出异议时，应当暂停该项事务的执行。受委托执行合伙事务的合伙人不按照合伙协议或者全体合伙人的决定执行事务的，其他合伙人可以决定撤销该委托。

3. 合伙人在执行合伙事务中的义务

根据《合伙企业法》的规定，合伙人在执行合伙事务中的义务主要包括以下几项：

(1) 合伙事务执行人向不参加执行事务的合伙人报告企业经营状况和财务状况。

(2) 合伙人不得自营或同他人合作经营与本合伙企业相竞争的业务。

(3) 除合伙协议另有约定或经全体合伙人一致同意外，合伙人不得同本合伙企业进行交易。

(4) 合伙人不得从事损害本合伙企业利益的活动。

(四) 普通合伙企业与第三人的关系

(1) 合伙企业对合伙人执行合伙事务以及对外代表合伙企业权利的限制，不得对抗善意第三人。

(2) 合伙企业对其债务，应先以其全部财产进行清偿。

(3) 合伙企业不能清偿到期债务的，合伙人承担无限连带责任。

(4) 合伙人由于承担无限连带责任，清偿数额超过《合伙企业法》第33条第1款规定的其亏损分担比例的，有权向其他合伙人追偿。

(5) 合伙人发生与合伙企业无关的债务，相关债权人不得以其债权抵销其对合伙企业的债务；也不得代为行使合伙人在合伙企业中的权利。

(6) 合伙人的自有财产不足清偿其与合伙企业无关的债务的，该合伙人可以其从合伙企业中分取的收益用于清偿；债权人也可以依法请求人民法院强制执行该合伙人在合伙企业中的财产份额用于清偿。人民法院强制执行合伙人的财产份额时，应当通知全体合伙人，其他合伙人有优先购买权；其他合伙人未购买，又不同意将该财产份额转让给他人的，依照《合伙企业法》第51条的规定为该合伙人办理退伙结算，或者办理削减该合伙人相应财产份额的结算。

(五) 入伙与退伙

1. 入伙

新合伙人入伙，除合伙协议另有约定外，应当经全体合伙人一致同意，并依法订立书面入伙协议。订立入伙协议时，原合伙人应当向新合伙人如实告知原合伙企业的经营状况和财务状况。入伙的新合伙人与原合伙人享有同等权利，承担同等责任。入伙协议另有约定的，从其约定。新合伙人对入伙前合伙企业的债务承担无限连带责任。

2. 退伙

合伙协议约定合伙期限的，在合伙企业存续期间，有下列情形之一的，合伙人可以退伙：①合伙协议约定的退伙事由出现；②经全体合伙人一致同意；③发生合伙人难以继续参加合伙的事由；④其他合伙人严重违反合伙协议约定的义务。

合伙协议未约定合伙期限的，合伙人在不给合伙企业事务执行造成不利影响的情况下，可以退伙，但应当提前30日通知其他合伙人。

合伙人违反《合伙企业法》上述规定退伙的，应当赔偿由此给合伙企业造成的损失。

合伙人有下列情形之一的，当然退伙：
(1) 作为合伙人的自然人死亡或者被依法宣告死亡；
(2) 个人丧失偿债能力；
(3) 作为合伙人的法人或者其他组织依法被吊销营业执照、责令关闭、撤销，或者被宣告破产；

（4）法律规定或者合伙协议约定合伙人必须具有相关资格而丧失该资格；

（5）合伙人在合伙企业中的全部财产份额被人民法院强制执行。合伙人被依法认定为无民事行为能力人或者限制民事行为能力人的，经其他合伙人一致同意，可以依法转为有限合伙人，普通合伙企业依法转为有限合伙企业。其他合伙人未能一致同意的，该无民事行为能力或者限制民事行为能力的合伙人退伙。退伙事由实际发生之日为退伙生效日。

合伙人有下列情形之一的，经其他合伙人一致同意，可以决议将其除名：

（1）未履行出资义务；

（2）因故意或者重大过失给合伙企业造成损失；

（3）执行合伙事务时有不正当行为；

（4）发生合伙协议约定的事由。

对合伙人的除名决议应当书面通知被除名人。被除名人接到除名通知之日，除名生效，被除名人退伙。被除名人对除名决议有异议的，可以自接到除名通知之日起30日内，向人民法院起诉。

合伙人死亡或者被依法宣告死亡的，对该合伙人在合伙企业中的财产份额享有合法继承权的继承人，按照合伙协议的约定或者经全体合伙人一致同意，从继承开始之日起，取得该合伙企业的合伙人资格。有下列情形之一的，合伙企业应当向合伙人的继承人退还被继承合伙人的财产份额：①继承人不愿意成为合伙人；②法律规定或者合伙协议约定合伙人必须具有相关资格，而该继承人未取得该资格；③合伙协议约定不能成为合伙人的其他情形。合伙人的继承人为无民事行为能力人或者限制民事行为能力人的，经全体合伙人一致同意，可以依法成为有限合伙人，普通合伙企业依法转为有限合伙企业。全体合伙人未能一致同意的，合伙企业应当将被继承合伙人的财产份额退还该继承人。

合伙人退伙，其他合伙人应当与该退伙人按照退伙时的合伙企业财产状况进行结算，退还退伙人的财产份额。退伙人对给合伙企业造成的损失负有赔偿责任的，相应扣减其应当赔偿的数额。退伙时有未了结的合伙企业事务的，待该事务了结后进行结算。

退伙人在合伙企业中财产份额的退还办法，由合伙协议约定或者由全体合伙人决定，可以退还货币，也可以退还实物。

退伙人对基于其退伙前的原因发生的合伙企业债务，承担无限连带责任。

（六）特殊普通合伙企业

以专业知识和专门技能为客户提供有偿服务的专业服务机构，可以设立为特殊的普通合伙企业。特殊的普通合伙企业是指合伙人依照下列规定承担责任的普通合伙企业，即一个合伙人或者数个合伙人在执业活动中因故意或者重大过失造成合伙企业债务的，应当承担无限责任或者无限连带责任，其他合伙人以其在合伙企业中的财产份额为限承担责任。合伙人在执业活动中非因故意或者重大过失造成的合伙企业债务以及合伙企业的其他债务，由全体合伙人承担无限连带责任。

特殊的普通合伙企业名称中应当标明"特殊普通合伙"字样。

合伙人在执业活动中因故意或者重大过失造成的合伙企业债务，以合伙企业财产对外承担责任后,该合伙人应当按照合伙协议的约定对给合伙企业造成的损失承担赔偿责任。

特殊的普通合伙企业应当建立执业风险基金、办理职业保险。执业风险基金用于偿付合伙人执业活动造成的债务。执业风险基金应当单独立户管理,具体管理办法由国务院规定。

> **课堂讨论 1-2**
>
> 有限合伙和普通合伙有何异同?
>
>
>
> 课堂讨论答案(1-2)

四、合伙企业解散与清算

根据《合伙企业法》的规定,合伙企业有下列情形之一的,应当解散:
(1) 合伙期限届满,合伙人决定不再经营。
(2) 合伙协议约定的解散事由出现。
(3) 全体合伙人决定解散。
(4) 合伙人已不具备法定人数满30天。
(5) 合伙协议约定的合伙目的已经实现或无法实现。
(6) 依法被吊销营业执照、责令关闭或被撤销。
(7) 法律和行政法规规定的其他原因。

合伙企业解散,应当由清算人进行清算。清算人由全体合伙人担任;经全体合伙人过半数同意,可以自合伙企业解散事由出现后15日内指定一个或者数个合伙人,或者委托第三人,担任清算人。自合伙企业解散事由出现之日起15日内未确定清算人的,合伙人或者其他利害关系人可以申请人民法院指定清算人。清算人自被确定之日起10日内将合伙企业解散事项通知债权人,并于60日内在报纸上公告。债权人应当自接到通知书之日起30日内,未接到通知书的自公告之日起45日内,向清算人申报债权。债权人申报债权,应当说明债权的有关事项,并提供证明材料。清算人应当对债权进行登记。清算期间,合伙企业存续,但不得开展与清算无关的经营活动。

合伙企业财产在支付清算费用和职工工资、社会保险费用、法定补偿金以及缴纳所欠税款、清偿债务后的剩余财产,依照《合伙企业法》第33条第1款的规定进行分配。

清算结束,清算人应当编制清算报告,经全体合伙人签名、盖章后,在15日内向企业登记机关报送清算报告,申请办理合伙企业注销登记。

合伙企业注销后,原普通合伙人对合伙企业存续期间的债务仍应承担无限连带责任。

合伙企业不能清偿到期债务的,债权人可以依法向人民法院提出破产清算申请,也可以要求普通合伙人清偿。合伙企业依法被宣告破产的,普通合伙人对合伙企业债务仍应承担无限连带责任。

案例讨论1-3 （此案例为思政元素）

张某、赵某和李某三人合伙，李某以劳务出资，由张某执行合伙企业事务。张某对外与丁某签订了30万元的合同，丁某未履行，致使合伙企业损失了30万元。

案例思考题：
（1）李某能否以劳务出资？
（2）赵某拒绝承担合同责任，可否？
（3）成立合伙企业应如何登记？

案例讨论答案（1-3）

模块三　个人独资企业法

学习要点

1. 了解个人独资企业法的基本概念和特征。
2. 掌握设立个人独资公司的条件、程序等相关规定。
3. 熟悉个人独资企业的投资人及事务管理、清算与解散。

导读案例 （此案例为思政元素）

某个人独资企业开始几年由投资人老王自行经营，盈利10万元。后因投资人老王年老体弱，很难管理经营企业，便委托小王管理企业。由于小王不会管理与经营，企业连年亏损，现欠债15万元。企业很难再维持下去，故而准备解散与清算。

案例思考题：
（1）老王可否决定解散企业？为什么？
（2）这个个人独资企业解散该由谁清算？
（3）企业解散后的15万元债务应由老王承担，还是由小王承担？为什么？
（4）如果这个个人独资企业财产不足以清偿债务，怎么办？

导读案例答案

理论知识

一、个人独资企业概述

（一）个人独资企业的定义

个人独资企业是指依照《中华人民共和国个人独资企业法》（以下简称《个人独资企业法》）在中国境内设立，由一个自然人投资，财产为投资人个人所有，投资人以其个人财产对企业债务承担无限责任的经营实体。

（二）设立个人独资企业应当具备的条件

（1）投资人为一个自然人。
（2）有合法的企业名称。
（3）有投资人申报的出资。
（4）有固定的生产经营场所和必要的生产经营条件。
（5）有必要的从业人员。

（三）个人独资企业的设立程序

申请设立个人独资企业，应当由投资人或者其委托的代理人向个人独资企业所在地的登记机关提交设立申请书、投资人身份证明、生产经营场所使用证明等文件。委托代理人申请设立登记时，应当出具投资人的委托书和代理人的合法证明。

个人独资企业不得从事法律、行政法规禁止经营的业务；从事法律、行政法规规定须报经有关部门审批的业务，应当在申请设立登记时提交有关部门的批准文件。

个人独资企业设立申请书应当载明下列事项：
（1）企业的名称和住所。
（2）投资人的姓名和居所。
（3）投资人的出资额和出资方式。
（4）经营范围。

登记机关应当在收到设立申请文件之日起15日内，对符合《个人独资企业法》规定条件的，予以登记，发给营业执照；对不符合《个人独资企业法》规定条件的，不予登记，并应当给予书面答复，说明理由。

个人独资企业营业执照的签发日期，为个人独资企业成立日期。

在领取个人独资企业营业执照前，投资人不得以个人独资企业名义从事经营活动。

个人独资企业设立分支机构，应当由投资人或者其委托的代理人向分支机构所在地的登记机关申请登记，领取营业执照。

> **课堂讨论1-3**
>
> 个体工商户是个人独资企业吗？

课堂讨论答案（1-3）

二、个人独资企业的投资人

根据《个人独资企业法》的规定，个人独资企业的投资人为具有中国国籍的自然人，但法律、行政法规禁止从事营利性活动的人，不得作为投资人申请设立个人独资企业。

根据《个人独资企业法》的规定，个人独资企业的投资人对本企业的财产依法享有所有权，其有关权利可以依法进行转让或继承。

个人独资企业财产不足以清偿债务的，投资人应当以其个人的其他财产予以清偿。如果个人独资企业的投资人在申请企业设立登记时明确以其家庭共有财产作为个人出资的，应当依法以家庭共有财产对企业债务承担无限责任。

个人独资企业的投资人可以自行管理企业事务，也可以委托或聘用其他具有民事行为能力的人负责管理企业事务。

投资人委托或者聘用的管理个人独资企业事务的人员不得有下列行为：
（1）利用职务上的便利，索取或者收受贿赂。
（2）利用职务或者工作上的便利侵占企业财产。
（3）挪用企业的资金归个人使用或者借贷给他人。
（4）擅自将企业资金以个人名义或者以他人名义开立账户储存。
（5）擅自以企业财产提供担保。
（6）未经投资人同意，从事与本企业相竞争的业务。
（7）未经投资人同意，同本企业订立合同或者进行交易。
（8）未经投资人同意，擅自将企业商标或者其他知识产权转让给他人使用。
（9）泄露本企业的商业秘密。
（10）法律、行政法规禁止的其他行为。

三、个人独资企业的事务管理

（1）个人独资企业应当依法设置会计账簿，进行会计核算。
（2）个人独资企业招用职工的，应当依法与职工签订劳动合同，保障职工的劳动安全，按时、足额发放职工工资。
（3）个人独资企业应当按照国家规定参加社会保险，为职工缴纳社会保险费。
（4）个人独资企业可以依法申请贷款、取得土地使用权，并享有法律、行政法规规定的其他权利。
（5）任何单位和个人不得违反法律、行政法规的规定，以任何方式强制个人独资企业提供财力、物力、人力；对于违法强制提供财力、物力、人力的行为，个人独资企业有权拒绝。

四、个人独资企业的解散与清算

（一）个人独资企业的解散

根据《个人独资企业法》的规定，个人独资企业有下列情形之一时，应当解散：
（1）投资人决定解散。
（2）投资人死亡或被宣告死亡，无继承人或继承人决定放弃继承。
（3）被依法吊销营业执照。
（4）法律、行政法规规定的其他情形。

（二）个人独资企业的清算

个人独资企业解散，由投资人自行清算或者由债权人申请人民法院指定清算人进行清算。

投资人自行清算的，应当在清算前15日内书面通知债权人，无法通知的，应当予以公告。债权人应当在接到通知之日起30日内，未接到通知的应当在公告之日起60日内，向投资人申报其债权。

个人独资企业解散后，原投资人对个人独资企业存续期间的债务仍应承担偿还责任，但债权人在5年内未向债务人提出偿债请求的，该责任消灭。

个人独资企业解散的，财产应当按照下列顺序清偿：

(1) 所欠职工工资和社会保险费用。
(2) 所欠税款。
(3) 其他债务。

清算期间，个人独资企业不得开展与清算目的无关的经营活动。在按前面规定清偿债务前，投资人不得转移、隐匿财产。

个人独资企业财产不足以清偿债务的，投资人应当以其个人的其他财产予以清偿。

个人独资企业清算结束后，投资人或者人民法院指定的清算人应当编制清算报告，并于15日内到登记机关办理注销登记。

案例讨论 1-4

原告：江苏省昆山市成山物资有限公司（以下简称成山公司）。
被告：江苏省昆山市开发区扬帆汽车修理厂（以下简称扬帆修理厂）。
被告：杨某某。

原告成山公司诉称：自2005年开始，原昆山市开发区永安汽车修理厂（以下简称原永安修理厂）向成山公司购买汽配零件，至今拖欠成山公司货款21 970元。2012年6月6日，原永安修理厂更名为扬帆修理厂，投资人由顾燕清变为被告杨某某。扬帆修理厂所欠货款至今未付，成山公司为维护自身合法权益，遂向法院提起诉讼，请求判令：①扬帆修理厂支付货款21 970元，杨某某以其个人财产对扬帆修理厂资产不足部分承担无限责任；②本案诉讼费用由扬帆修理厂、杨某某承担。

被告扬帆修理厂、杨某某共同辩称：成山公司所称的买卖合同关系，与扬帆修理厂、杨某某无关。杨某某帮原永安修理厂搭棚子，金额共计275 000元，原永安修理厂没钱支付，便把厂里的设备折价抵给杨某某。经过公证处公证，设备只有6万元，原永安修理厂还欠20多万元，原永安修理厂的投资人顾燕清即将该厂过户给杨某某，以抵欠款，工商登记已经变更，但是道路许可证尚未过户。顾燕清作为投资人的原永安修理厂在外的欠债约有1 400多万元，不应要求杨某某来偿还。本案不是扬帆修理厂、杨某某欠成山公司的钱，因此不予偿还。

昆山市人民法院一审查明：自2005年开始，成山公司与扬帆修理厂的前身原永安修理厂发生业务往来，由成山公司向原永安修理厂出售汽配零件。2012年5月6日，经双方确认，原永安修理厂结欠成山公司货款21 970元，并出具了欠条一份。另查明，据工商登记信息显示，2012年6月6日，昆山市开发区永安汽车修理厂更名为昆山市开发区扬帆汽车修理厂，投资人由顾燕清变更为杨某某。扬帆修理厂所欠货款至今未付，成山公司为维护自身合法权益，遂向法院提起诉讼。

江苏省昆山市人民法院经审理认为：成山公司与扬帆修理厂的前身原永安修理厂之间通过欠条、发票等形式达成买卖合同关系，该买卖合同是当事人真实意思表示，内容与形式不违反法律规定，故依法成立并生效，应受法律保护。原永安修理厂投资人顾燕清将该厂依法转让给杨某某，厂名变更为扬帆修理厂，故扬帆修理厂应当依法承受原永安修理厂的权利与义务，承担相应的债务。扬帆修理厂作为个人独资企业，财产为投资人个人所有，投资人应以其个人财产对企业债务承担无限责任。成山公司依据双方约定向扬帆修理厂提供相应的货物，扬帆修理厂则应当根据约定支付相应的价款。因此，本案中成山公司要求扬帆修理厂支付货款21 970元，并要求作为投资人的杨某某依法承担偿还该笔货款的补充清偿责任，法院依法予以支持。据此，一审法院判决扬帆修理厂支付成山公司货款21 970元，杨某某对扬帆修理厂的上述债务不能偿付部分负有清偿责任。杨某某不服一审判决，提起上诉。

案例讨论答案（1－4）

案例思考题：该案例法院该如何审判？

（案例来源：中国司法案例网，案例经编者加工整理）

课后习题

一、同步练习

1. 填空题

（1）公司法是_____与_____的结合。

（2）股东会会议作出修改公司章程、增加或减少注册资本的决议，以及公司合并、分立、解散或变更公司形式的决议，必须经代表____以上表决权的股东通过。

（3）退伙可以分为_____和_____两种。

（4）对合伙人的除名决议应当书面通知_____。

（5）执业风险基金用于偿付_____造成的债务。执业风险基金应当单独立户管理，具体管理办法由_____规定。

2. 选择题

（1）《公司法》规定，有限责任公司由____个以下股东出资设立。（　　）
A. 20　　　　B. 30　　　　C. 40　　　　D. 50

（2）有限责任公司名称经核准登记，发给《公司名称预先核准通知书》，保留期为____。预先核准的公司名称在保留期内，不得用于从事经营活动，不得转让。（　　）
A. 1个月　　B. 3个月　　C. 6个月　　D. 12个月

（3）董事任期由公司章程规定，但每届任期不得超过____年。董事任期届满，连选可以连任。（　　）
A. 2　　　　B. 3　　　　C. 4　　　　D. 5

(4) 召开股东会会议，应当将会议召开的时间、地点和审议的事项于会议召开____日前通知全体股东。（ ）

A. 10　　　　　B. 15　　　　　C. 20　　　　　D. 30

(5) 清算人自被确定之日起____日内将合伙企业解散事项通知债权人，并于____日内在报纸上公告。债权人应当自接到通知书之日起____日内，未接到通知书的自公告之日起_____日内，向清算人申报债权。（ ）

A. 10、60、30、45　　　　　B. 5、30、60、30

C. 10、30、30、45　　　　　D. 10、90、60、15

3. 判断题

(1) 股份有限公司是指公司资本划分为等额股份，全体股东对公司债务仅以其所持股份额为限承担责任的公司。（ ）

(2) 股东会是公司董事会的执行机构，对董事会负责。（ ）

(3)《合伙企业法》规定，合伙人以其在合伙企业中的财产份额出资的，须经其他合伙人一致同意，未经其他合伙人一致同意，其行为无效，由此给善意第三人造成损失的，由行为人依法承担赔偿责任。（ ）

(4) 清算期间，个人独资企业可以开展与清算目的无关的经营活动，在按法律规定的财产清偿顺序清偿债务前，投资人不得转移和隐匿财产。（ ）

4. 问答题

(1) 中国的公司具有哪些特征？

(2) 以公司组织关系为划分标准，公司可以分为哪几种？

(3) 设立有限责任公司需要哪些条件？

(4) 设立股份有限公司的程序与设立有限责任公司的程序相同点有哪些？

项目一同步练习答案

二、案例分析与应用

原告陈某某诉称：被告蔡某某多次向原告购买瓷泥原料，双方于2017年3月29日进行结算，被告蔡某某立据至当日止共结欠原告货款254 209元。该款经原告多次催讨无果。原告为维护自己的合法权益，特诉至法院。请求判令：①被告付还货款254 209元及该款的利息损失（自起诉之日至判决确定还款之日止，按中国人民银行同期同类贷款利率计）。②本案诉讼费由被告承担。

原告陈某某对其陈述事实及主张在举证期限内提供的证据有：原告身份证复印件1份1页；欠条复印件1份1页；人口信息查询表复印件1份1页。被告蔡某某经本院合法传唤，无正当理由拒不到庭参加诉讼，但其庭后向本院主张本案债务不是其结欠原告陈某某债务，是潮州市枫溪区佳煌陶瓷厂（以下简称佳煌厂）结欠潮州市湘桥区裕业陶瓷原料厂（以下简称裕业厂）的债务，并向本院对其陈述事实及主张提供有以下证据：裕业厂已结算及还款的送货单2份1页；裕业厂的营业执照1份1页；个人独资企业为适格主体的证明以及相关司法解释等2份6页；佳煌厂营业执照、发票及转账凭证7份7页。经庭后组织双方当事人进行质证，原告陈某某对被告蔡某某庭后提供的证据发表如下意见：本案已开庭审理完毕，被告逾期提交证据，原告不予质证。被告提交的证据形成在原告起诉之前，不能作为新证据。原被告之间的买卖关系在结算单上已有体现，是两自然人之间的买卖关系。结算单上是被告本人签名，没有盖公司印章。被告所提交的佳煌厂与裕业厂之间的经济往来与本案无关，原告一直是与被告本人发生买卖关系。

案例思考题：请问法院该如何判决？

案例分析与应用答案

（案例来源：中国司法案例网，案例经编者加工整理）

三、实务操作训练

学生分组比较公司制企业、合伙企业、个人独资企业的异同（表1.1）并汇报，老师总结点评。

表1.1 公司制企业、合伙企业、个人独资企业的异同

类型	公司制企业	合伙企业	个人独资企业
区别			
联系			

项目二

营销合同法律

名人警句

法无授权不得为，法无禁止不得罚。

知识目标

1. 掌握合同的订立。
2. 掌握合同生效的条件。
3. 了解合同的履行和保全。
4. 了解合同的担保。
5. 了解合同的转让、终止、缔约过失责任、违约责任。

技能目标

1. 培养学生撰写合同的能力。
2. 培养学生辨析合同效力以及使用合同履行中的抗辩权的能力。

知识导图

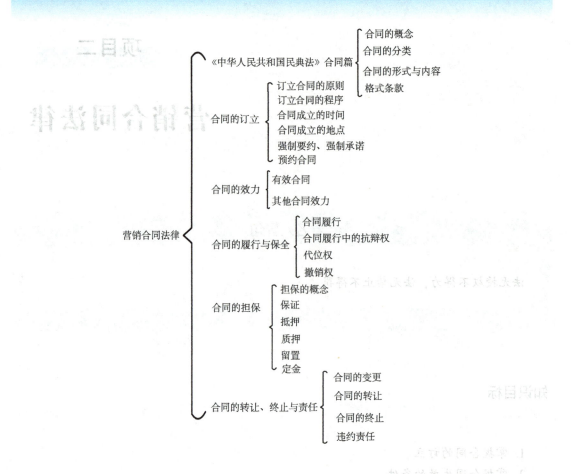

应用案例

2017年8月27日，金某之子乘坐濮阳市新濮旅游运输有限公司（以下简称新濮旅游运输公司）所有的豫J89166号客车返回濮阳，2017年8月28日1时49分左右，豫J89166号客车驶入并停留在日兰高速巨野服务区，金某之子从豫J89166号客车下车后在服务区内活动。2017年8月28日5时03分左右，豫J89166号客车驶离该服务区。2017年8月31日15时许，巨野县公安局田庄派出所接到日兰高速巨野服务区保安经理陈广奇电话报警称，其当日下午到办公室写材料，在办公室东侧的净水池内发现一具尸体。巨野县公安局田庄派出所接警后，经调查，该男性尸体系河南省范县金某之子，已死亡多日。新濮旅游运输公司所有的豫J89166号客车在中国平安保险股份有限公司濮阳中心支公司（以下简称平安财险濮阳支公司）投保了道路客运承运人责任保险，其中每座赔偿限额为50万元，本次事故发生在保险承保期内。金某以新濮旅游运输公司、平安财险濮阳支公司为被告提起诉讼，请求判令新濮旅游运输公司、平安财险濮阳支公司承担70%的赔偿责任，即351 704元。

案例思考题：平安财险濮阳支公司需要承担赔偿责任吗？

应用案例答案

(案例来源：中国司法案例网，案例经编者加工整理)

模块一 《中华人民共和国民法典》合同篇

学习要点

1. 了解《中华人民共和国民法典》(以下简称《民法典》)里合同的基本概念。
2. 掌握合同的分类、合同的形式与内容等。

导读案例 (此案例为思政元素)

原告梁某某等196名船员根据其与船东的代理公司签订的《船员雇佣协议书》，于2017年至2019年期间在被告钻石国际邮轮公司所属的巴哈马籍"辉煌"轮上担任水手、轮机员、服务员、厨工等职务。在此期间，钻石国际邮轮公司欠付梁某某等船员工资约人民币1 200万元。船员在诉前提出财产保全请求，要求对"辉煌"轮采取司法扣押措施，上海海事法院裁定予以准许。钻石国际邮轮公司未向法院提供担保，船舶从2019年3月7日至2020年4月26日期间，一直被扣押在上海港吴淞口锚地。因钻石国际邮轮公司弃船且拒不提供担保，维持船舶安全和停泊等费用与日俱增，长期扣押存在诸多安全隐患。为此，船员在诉讼过程中申请拍卖"辉煌"轮，上海海事法院裁定予以准许，并启动司法拍卖程序，于2020年4月17日成功变卖船舶。

案例思考题：
(1) 钻石国际邮轮公司应该承担损失的违约责任吗？
(2) 船员拍卖"辉煌"轮是否享有船舶优先权？

导读案例答案

(案例来源：中国法院网，案例经编者加工整理)

理论知识

一、合同的概念

合同是平等主体的自然人、法人、其他组织之间设立、变更、终止民事法律关系的协议。

合同具有以下法律属性：

（1）合同是双方或多方民事主体实施的一种民事法律行为。

（2）合同以设立、变更或终止民事权利义务关系为目的。作为民事法律行为的合同，其合同当事人的目的就是设立、变更、终止一定的民事权利义务关系。不以设立、变更、终止民事权利义务关系为目的协议不是合同，如两人达成结伴出游的协议就不是合同。

（3）合同是当事人依法对合同的主要条款达成协议的法律行为。合同是当事人依法对合同的主要条款经过协商一致，达成协议的法律行为。合同当事人可以是自然人（自然人是从出生时起到死亡时止，具有民事权利能力，依法享有民事权利，承担民事义务），也可以是法人或其他组织。但应当具有民事权利能力与民事行为能力，也可以委托代理人订立合同。

课堂讨论 2-1

口头承诺是否具有法律效力？

课堂讨论答案（2-1）

二、合同的分类

（一）有名合同、无名合同

根据《民法典》或者其他法律是否对合同规定有确定的名称与调整规则，合同可分为有名合同、无名合同。

有名合同（又称典型合同），即在法律或经济习惯上按其类型已经确定了一定名称的合同。《民法典》合同篇中规定以下合同为有名合同：买卖合同，共用电、水、气、热力合同，赠与合同，借款合同，保证合同，租赁合同，融资租赁合同，保理合同，承揽合同，建设工程合同，运输合同，技术合同，保管合同，仓储合同，委托合同，物业服务合同，行纪合同，中介合同，合伙合同等。无名合同是指没有赋予具体名称的合同，如借用合同、旅游合同等。

（二）单务合同与双务合同

根据一方负有义务还是双方互负义务，合同可分为单务合同与双务合同。只有一方当事人负有义务的合同是单务合同，如赠与合同；双方都负有义务的合同是双务合同，如买卖合同、租赁合同。

（三）要式合同与不要式合同

根据是否需要履行特定的形式和手续，合同可分为要式合同与不要式合同。凡法律规定必须具备一定的形式和手续的合同是要式合同，如房屋买卖合同；凡法律规定不需要具备一定的形式和手续的合同是不要式合同。

（四）主合同与从合同

根据合同能否独立存在，合同可分为主合同与从合同。能够独立存在的合同是主合同；依附于主合同才能存在的合同是从合同，如保证合同。

三、合同的形式与内容

（一）合同的形式

当事人订立合同，可以采用书面形式、口头形式或者其他形式。当事人有权自由选择合同的形式，但法律对合同形式有规定的，应当采用法律规定的合同形式。

1. 书面形式

书面形式是合同书、信件、电报、电传、传真等可以有形地表现所载内容的形式。以电子数据交换、电子邮件等方式能够有形地表现所载内容，并可以随时调取查用的数据电文，视为书面形式。我国法律规定房屋买卖合同、建设工程合同、技术开发合同、涉外合同、涉及金额较大的合同都应当采用书面的形式订立。

2. 口头形式

口头形式的合同是指当事人直接以对话的方式订立的合同。口头合同广泛应用于社会生活的各个领域，与人们的衣食住行密切相关，如日常生活买卖活动。

3. 其他形式

合同的其他形式是指采用除书面形式、口头形式以外的方式订立合同的形式，如推定形式和默示形式，即当事人通过实施某种行为进行意思表示，而不直接用书面或口头进行意思表示。

（二）合同的内容

合同的内容以合同的条款体现，合同的一般条款包括以下几项：
（1）当事人的姓名或者名称和住所；
（2）标的；
（3）数量；
（4）质量；
（5）价款或者报酬；
（6）履行期限、地点和方式；
（7）违约责任；
（8）解决争议的方法。

不同种类的合同对合同的条款有不同的要求，当事人订立合同时，应根据所订合同的性质确定合同的条款。但是，造成对方人身伤害，以及因故意或者重大过失造成对方财产损失的免责条款无效。

四、格式条款

格式条款是当事人为了重复使用而预先拟定，并在订立合同时未与对方协商的条款。

采用格式条款订立合同的，提供格式条款的一方应当遵循公平原则确定当事人之间的权利和义务，并采取合理的方式提示对方注意免除或者减轻其责任等与对方有重大利害关系的条款，按照对方的要求，对该条款予以说明。提供格式条款的一方未履行提示或者说明义务，致使对方没有注意或者理解与其有重大利害关系的条款的，对方可以主张该条款不成为合同的内容。

有下列情形之一的，该格式条款无效：

（1）合同中的下列免责条款无效：造成对方人身损害的，因故意或者重大过失造成对方财产损失的。

（2）提供格式条款一方不合理地免除或者减轻其责任、加重对方责任、限制对方主要权利。

（3）提供格式条款一方排除对方主要权利。

对格式条款的理解发生争议的，应当按照通常理解予以解释。对格式条款有两种以上解释的，应当作出不利于提供格式条款一方的解释。格式条款和非格式条款不一致的，应当采用非格式条款。

案例讨论 2-1 （此案例为思政元素）

2019年12月，20位老年人与案外人张某某协商组团前往福建旅游事宜，张某某负责安排签订合同及对接，于某某作为老年人团体的代表，通过微信转账向其交付旅游费用。后收到旅行社发送的电子合同，因参团人员变动，多次发生修改，旅行社数次向其发送的电子合同均带有合同专用章，次年1月，旅行社再次发送电子合同后，原告代表20人签字予以确认。合同对签约双方、旅游产品名称、旅游日期、旅游费用等进行约定，并附有游客身份信息和旅游行程单。后因疫情未能出行，于某某与张某某沟通退款事宜，张某某以旅行社未向其退款为由拒绝退还，20位老年人均诉至法院，旅行社辩称，张某某并非其员工，与于某某沟通签约并非经旅行社授权履行的职务行为，张某某无权代理及收取旅游费用。

案例思考题：张某某是否有代理权代表旅行社签订此合同？

案例讨论答案（2-1）

（案例来源：中国法院网，案例经编者加工整理）

模块二　合同的订立

学习要点

1. 熟悉合同订立的过程。
2. 掌握要约与承诺的条件及法律效力。

项目二 营销合同法律

> **导读案例**（此案例为思政元素）
>
> 被告凌某聘请原告邱某在位于龙川县义都镇桂林村的桂林竹器厂务工，月工资 7 000 元。后原告向被告辞职，双方经结算，被告欠原告从 2019 年 5 月 18 日至 6 月 28 日的工资共 9 300 元。因被告资金困难，双方商定待卖掉厂里的青丝后结算工资，并由被告出具欠条一张，交由原告收执。此后，原告多次催收欠款，被告均以青丝未卖掉为由，拒绝支付工资款。原告为了尽快拿到工资款，自愿帮被告联系好了购买青丝的买家，电话通知被告后，因被告态度消极，最终无法达成交易。原告无奈只好向本院提起诉讼。
>
> 案例思考题：
> （1）邱某的工资催收行为能否得到支持？
> （2）凌某态度消极，无法达成交易属于什么行为？
>
>
> 导读案例答案
>
> （案例来源：中国司法案例网，案例经编者加工整理）

理论知识

一、订立合同的原则

订立合同要遵循的基本原则是平等、自愿、公平、诚实、守法。

二、订立合同的程序

（一）要约

1. 要约要件

要约是希望与他人订立合同的意思表示，该意思表示应当符合下列条件：
（1）内容具体确定。
（2）表明经受要约人承诺，要约人即受该意思表示约束。
（3）要约必须到达受要约人。

2. 要约与要约邀请

要约邀请是希望他人向自己发出要约的表示。拍卖公告、招标公告、招股说明书、债券募集办法、基金招募说明书、商业广告和宣传、寄送的价目表等为要约邀请。

商业广告和宣传的内容符合要约条件的，构成要约。要约和要约邀请的区别主要包括以下两点：
（1）要约的内容应当具体明确，要约邀请的内容不明确。
（2）要约是一种意思表示，要约具有法律约束力；而要约邀请只是在引诱他人向自己发出要约，是一种事实行为，没有法律约束力。

> **课堂讨论 2－2**
>
> 请举例说明要约与要约邀请的区别。

课堂讨论答案（2－2）

3. 要约的生效

根据《民法典》的规定，要约有以下情形时生效：

（1）以对话方式作出的意思表示，相对人知道其内容时生效。

（2）以非对话方式作出的意思表示，到达相对人时生效。

（3）以非对话方式作出的采用数据电文形式的意思表示，相对人指定特定系统接收数据电文的，该数据电文进入该特定系统时生效。

（4）未指定特定系统的，相对人知道或者应当知道该数据电文进入其系统时生效。

（5）当事人对采用数据电文形式的意思表示的生效时间另有约定的，按照其约定。

4. 要约的撤回

要约可以撤回。撤回意思表示的通知应当在意思表示到达相对人前或者与意思表示同时到达相对人。要约可以撤销，但是有下列情形之一的除外：

（1）要约人确定了承诺期限或者以其他形式明示要约不可撤销。

（2）受要约人有理由认为要约是不可撤销的，并已经为履行合同做了合理准备工作。

撤销要约的意思表示以对话方式作出的，该意思表示的内容应当在受要约人作出承诺之前为受要约人所知道；撤销要约的意思表示以非对话方式作出的，应当在受要约人作出承诺之前到达受要约人。

5. 要约的失效

要约失效的情形主要有以下几种：

（1）要约被拒绝。

（2）要约被依法撤销。

（3）承诺期限届满，受要约人未作出承诺。

（4）受要约人对要约的内容作出实质性变更。

（二）承诺

承诺是受要约人同意要约的意思表示。

承诺应当以通知的方式作出；但是，根据交易习惯或者要约表明可以通过行为作出承诺的除外。

承诺应当在要约确定的期限内到达要约人。

要约没有确定承诺期限的，承诺应当依照下列规定到达：

（1）要约以对话方式作出的，应当即时作出承诺。

(2) 要约以非对话方式作出的，承诺应当在合理期限内到达。

要约以信件或者电报作出的，承诺期限自信件载明的日期或者电报交发之日开始计算。信件未载明日期的，自投寄该信件的邮戳日期开始计算。要约以电话、传真、电子邮件等快速通信方式作出的，承诺期限自要约到达受要约人时开始计算。

承诺生效时合同成立，但是法律另有规定或者当事人另有约定的除外。

以通知方式作出的承诺，生效的时间适用《民法典》第137条的规定。

承诺不需要通知的，根据交易习惯或者要约的要求作出承诺的行为时生效。

受要约人超过承诺期限发出承诺，或者在承诺期限内发出承诺，按照通常情形不能及时到达要约人的，为新要约；但是，要约人及时通知受要约人该承诺有效的除外。

受要约人在承诺期限内发出承诺，按照通常情形能够及时到达要约人，但是因其他原因致使承诺到达要约人时超过承诺期限的，除要约人及时通知受要约人因承诺超过期限不接受该承诺外，该承诺有效。

承诺的内容应当与要约的内容一致。受要约人对要约的内容作出实质性变更的，为新要约。有关合同标的、数量、质量、价款或者报酬、履行期限、履行地点和方式、违约责任和解决争议方法等的变更，是对要约内容的实质性变更。

承诺对要约的内容作出非实质性变更的，除要约人及时表示反对或者要约表明承诺不得对要约的内容作出任何变更外，该承诺有效，合同的内容以承诺的内容为准。

三、合同成立的时间

（1）当事人采用合同书形式订立合同的，自当事人均签名、盖章或者按指印时合同成立。在签名、盖章或者按指印之前，当事人一方已经履行主要义务，对方接受时，该合同成立。

（2）法律、行政法规规定或者当事人约定合同应当采用书面形式订立，当事人未采用书面形式但是一方已经履行主要义务，对方接受时，该合同成立。

（3）当事人采用信件、数据电文等形式订立合同要求签订确认书的，签订确认书时合同成立。

（4）当事人一方通过互联网等信息网络发布的商品或者服务信息符合要约条件的，对方选择该商品或者服务并提交订单成功时合同成立，但是当事人另有约定的除外。

四、合同成立的地点

（1）承诺生效的地点为合同成立的地点。

（2）采用数据电文形式订立合同的，收件人的主营业地为合同成立的地点；没有主营业地的，其住所地为合同成立的地点。当事人另有约定的，按照其约定。

（3）当事人采用合同书形式订立合同的，最后签名、盖章或者按指印的地点为合同成立的地点，但是当事人另有约定的除外。

五、强制要约、强制承诺

国家根据抢险救灾、疫情防控或者其他需要下达国家订货任务、指令性任务的，有关民事主体之间应当依照有关法律、行政法规规定的权利和义务订立合同。

依照法律、行政法规的规定负有发出要约义务的当事人，应当及时发出合理的要约。

依照法律、行政法规的规定负有作出承诺义务的当事人，不得拒绝对方合理的订立合同要求。

六、预约合同

当事人约定在将来一定期限内订立合同的认购书、订购书、预订书等，构成预约合同。

当事人一方不履行预约合同约定的订立合同义务的，对方可以请求其承担预约合同的违约责任。

案例讨论 2-2 （此案例为思政元素）

原告匡某受被告许某某的雇请，在许某某实际经营的"海兴166"轮工作。后许某某出具欠款条，确认尚欠匡某 42 500 元工资报酬未付。匡某据此向武汉海事法院提起诉讼，请求判令许某某向其支付拖欠的工资款。许某某认为，欠款条记载内容不完整，匡某在任职期间造成"海兴166"轮损失，在欠款条中已经明确记载要另行处理，同时匡某在履职期间，未充分履职，造成船舶和货物损失，许某某保留向匡某索赔的权利。

案例思考题：
（1）匡某欠款条记载内容不完整能否继续索赔？
（2）匡某在任职期间造成"海兴166号"轮的损失是否影响工资报酬的追认？

案例讨论答案（2-2）

（案例来源：中国法院网，案例经编者加工整理）

模块三 合同的效力

学习要点

1. 掌握合同效力的概念。
2. 熟悉其他合同的效力。

导读案例 （此案例为思政元素）

2019 年 5 月 28 日，宜宾县喜捷镇自然村征服组与姚某签订《农村集体土地租赁合同》，由姚某租赁征服组菜喜码头"喜捷码头至岷江船厂"所有土地。合同签订后，姚某一直未使用租赁场地。2019 年 9 月 15 日，姚某与富启公司签订《农村集体土地租赁（转租）合同》，将租赁土地转租给富启公司。双方约定租赁用途为沙石堆放、加工生产及转运，租金 120 万元。富启公司实际支付首期租金 80 万元。因征服组村民阻挠富启公司生产加工，富启公司向法院提出诉讼，请求确认富启公司与姚某之间签订的《农村集体土地租赁（转租）合同》无效；姚某返还富启公司已支付的租金并赔偿损失。

案例思考题：姚某转租给富启公司土地的行为是否有效？

导读案例答案

（案例来源：中国法院网，案例经编者加工整理）

理论知识

一、有效合同

依法成立的合同，自成立时生效，但是法律另有规定或者当事人另有约定的除外。

依照法律、行政法规的规定，合同应当办理批准等手续的，依照其规定。未办理批准等手续影响合同生效的，不影响合同中履行报批等义务条款以及相关条款的效力。应当办理申请批准等手续的当事人未履行义务的，对方可以请求其承担违反该义务的责任。

依照法律、行政法规的规定，合同的变更、转让、解除等情形应当办理批准等手续的，适用前款规定。

课堂讨论2-3

在现实生活中，哪些合同是无效合同？

课堂讨论答案（2-3）

二、其他合同效力

（一）被代理人对无权代理合同的追认

无权代理人以被代理人的名义订立合同，被代理人已经开始履行合同义务或者接受相对人履行的，视为对合同的追认。

（二）越权订立的合同效力

法人的法定代表人或者非法人组织的负责人超越权限订立的合同，除相对人知道或者应当知道其超越权限外，该代表行为有效，订立的合同对法人或者非法人组织发生效力。

（三）超越经营范围订立的合同效力

当事人超越经营范围订立的合同的效力，应当依照《民法典》第1编第6章第3节和本编的有关规定确定，不得仅以超越经营范围确认合同无效。

(四) 争议解决条款效力

合同不生效、无效、被撤销或者终止的，不影响合同中有关解决争议方法的条款的效力。

案例讨论 2-3 （此案例为思政元素）

2019 年，某地方政府招商引资高科技项目，中科公司与某县国土局签订土地使用权出让合同并已实际占有、开发建设涉案工业用地。在中科公司积极投资建设的过程中，当地政府调整了包括中科公司涉案土地在内的 200 余亩用地规划。涉案土地被政府单方收回并由某县国土局另行高价出让，由其他公司拍得并开发房地产。中科公司的投资建设被拆除，其损失未获赔偿。中科公司于 2020 年 1 月以某管委会和某县国土局为被告提起民事诉讼，请求赔偿损失。

案例思考题：某管委会和某县国土局应该对中科公司的损失承担赔偿责任吗？

案例讨论答案（2-3）

（案例来源：中国法院网，案例经编者加工整理）

模块四　合同的履行与保全

学习要点

1. 熟悉合同履行的规则、合同履行中的抗辩权。
2. 了解代位权、撤销权。

导读案例 （此案例为思政元素）

徐某在敬某经营的某网络交易平台网店中购买了俄罗斯进口奶粉。根据《进出口食品安全管理办法》的规定，对向我国境内出口食品的境外食品生产企业实施注册制度。经查询，在我国国家认证认可监督管理委员会发布的《进口食品境外生产企业注册专栏》中，在"进口乳品境外生产企业注册名单"中未查见"俄罗斯"，敬某也无法提供进口食品应具备的全部检验检疫等资料。徐某认为敬某销售的前述食品系未经检验检疫的食品，同时，某网络交易平台作为网络服务提供者未对进入其平台销售的商品进行审核，对交易平台的监管存在过错，故诉至法院，请求：①判令被告敬某向原告退还货款 5 043.50 元；②判令被告敬某向原告赔偿 50 435 元；③判令被告浙江某网络有限公司对被告敬某的上述赔偿承担连带责任。

案例思考题：法院该如何审判？

导读案例答案

（案例来源：中国法院网，案例经编者加工整理）

理论知识

一、合同履行

合同生效后，当事人应当按照约定全面履行自己的义务。当事人应当遵循诚信原则，根据合同的性质、目的和交易习惯履行通知、协助、保密等义务。

当事人在履行合同的过程中，应当避免浪费资源、污染环境和破坏生态。具体规定如下：

1. 合同没有约定或者约定不明的补救措施

合同生效后，当事人就质量、价款或者报酬、履行地点等内容没有约定或者约定不明确的，可以以协议补充；不能达成补充协议的，按照合同相关条款或者交易习惯确定。

2. 合同约定不明确时的履行规定

当事人就有关合同内容约定不明确，依据前条规定仍不能确定的，适用下列规定：

（1）质量要求不明确的，按照强制性国家标准履行；没有强制性国家标准的，按照推荐性国家标准履行；没有推荐性国家标准的，按照行业标准履行；没有国家标准、行业标准的，按照通常标准或者符合合同目的的特定标准履行。

（2）价款或者报酬不明确的，按照订立合同时履行地的市场价格履行；依法应当执行政府定价或者政府指导价的，依照规定履行。

（3）履行地点不明确，给付货币的，在接受货币一方所在地履行；交付不动产的，在不动产所在地履行；其他标的，在履行义务一方所在地履行。

（4）履行期限不明确的，债务人可以随时履行，债权人也可以随时请求履行，但是应当给对方必要的准备时间。

（5）履行方式不明确的，按照有利于实现合同目的的方式履行。

（6）履行费用的负担不明确的，由履行义务一方负担；因债权人原因增加的履行费用，由债权人负担。

二、合同履行中的抗辩权

合同履行中的抗辩权是指在双务合同中，当事人一方在对方未履行或者不能保证履行合同义务时可以相应地不履行合同的权利。抗辩权包括同时履行抗辩权、后履行抗辩权和不安抗辩权。

（一）同时履行抗辩权

同时履行抗辩权是指合同当事人的债务没有先后履行的顺序时，一方在履行前，可以拒绝对方的履行要求。《民法典》第525条规定，当事人双方互负债务，没有先后履行顺序的，应当同时履行。一方在对方履行之前有权拒绝其履行要求；一方在对方履行债务不符合约定时，有权拒绝其相应的履行要求。

（二）后履行抗辩权

在双务合同中应当先履行的一方当事人届期未履行或者不适当履行时，对方当事人享有的不履行或者部分履行的权利称为后履行抗辩权。当事人互负债务，有先后履行顺序，先履行一方未履行，后履行一方有权拒绝其履行要求。先履行一方履行债务不符合约定的，后履行一方有权拒绝其相应的履行要求。

（三）不安抗辩权

合同当事人双方的债务有先后履行的顺序，依约定应先履行债务的当事人在有确切证据证明对方难以履行并未提供担保之前，有拒绝对方履行要求的权利，称为不安抗辩权。应当先履行债务的当事人，有确切证据证明对方有下列情形之一的，可以中止履行：

（1）经营状况严重恶化；
（2）转移财产、抽逃资金，以逃避债务；
（3）丧失商业信誉；
（4）有丧失或者可能丧失履行债务能力的其他情形。

当事人没有确切证据中止履行的，应当承担违约责任。当事人中止履行的，应当及时通知对方。对方提供适当担保时，应当恢复履行。中止履行后，对方在合理期限内未恢复履行能力且未提供适当担保的，视为以自己的行为表明不履行主要债务，中止履行的一方可以解除合同并可以请求对方承担违约责任。

课堂讨论2-4

在日常生活中，我们在什么情况下可以使用代位权？

课堂讨论答案（2-4）

三、代位权

因债务人怠于行使其债权或者与该债权有关的从权利，影响债权人的到期债权实现的，债权人可以向人民法院请求以自己的名义代位行使债务人对相对人的权利，但是该权利专属于债务人自身的除外。

（1）代位权的行使范围以债权人的到期债权为限。债权人行使代位权的必要费用，由债务人负担。

（2）相对人对债务人的抗辩，可以向债权人主张。

（3）债权人的债权到期前，债务人的债权或者与该债权有关的从权利存在诉讼时效期间即将届满或者未及时申报破产债权等情形，影响债权人的债权实现的，债权人可以代位向债务人的相对人请求其向债务人履行、向破产管理人申报或者作出其他必要的行为。

（4）人民法院认定代位权成立的，由债务人的相对人向债权人履行义务，债权人接受履行后，债权人与债务人、债务人与相对人之间相应的权利义务终止。债务人对相对人的债权或者与该债权有关的从权利被采取保全、执行措施，或者债务人破产的，依照相关法律的规定处理。

四、撤销权

债务人以放弃其债权、放弃债权担保、无偿转让财产等方式无偿处分财产权益，或者恶意延长其到期债权的履行期限，影响债权人的债权实现的，债权人可以请求人民法院撤销债务人的行为。

（1）债务人以明显不合理的低价转让财产、以明显不合理的高价受让他人财产或者为他人的债务提供担保，影响债权人的债权实现，债务人的相对人知道或者应当知道该情形的，债权人可以请求人民法院撤销债务人的行为。

（2）撤销权的行使范围以债权人的债权为限。债权人行使撤销权的必要费用，由债务人负担。

（3）撤销权自债权人知道或者应当知道撤销事由之日起1年内行使。自债务人的行为发生之日起5年内没有行使撤销权的，该撤销权消灭。

（4）无效的合同或被撤销的合同，自始至终没有法律约束力。

> **案例讨论2-4（此案例为思政元素）**
>
> 2018年6月7日，徐某某、葛某某夫妻以资金周转为由，向陶某借款100万元，双方约定借款月利率20‰，借款期限6个月。后因徐某某、葛某某未按期限还款，陶某起诉至湖北省襄阳市襄州区人民法院，经调解，双方自愿达成调解协议。因徐某某、葛某某未按调解书确定的期限履行还款义务，陶某向该院申请强制执行。执行过程中，依法扣押了被执行人徐某某所有的重型罐式半挂牵引车一辆。后徐某某夫妻履行了40余万元执行款，余款仍未履行。2020年2月13日，被执行人徐某某接到襄阳市高新区疫情防控指挥部采购防疫酒精的委托，徐某某遂向该院申请解除车辆扣押，让罐车进行酒精运输。襄州区人民法院鉴于疫情防控的严峻形势，经与高新区疫情防控指挥部核实情况后，立即决定特事特办，为了能够让该酒精罐车早日驶上战"疫"一线，执行人员迅速启动网上办案模式，经过多次与双方沟通协调，于2020年2月14日促成双方达成了执行和解协议。申请执行人陶某同意解除对罐车的扣押，全力支持保障疫情工作。
>
> 案例思考题：襄州区人民法院的做法合理吗？
>
> 案例讨论答案（2-4）
>
> （案例来源：中国法院网，案例经编者加工整理）

模块五 合同的担保

学习要点

1. 了解担保的概念。
2. 熟悉担保的保证、抵押、质押、留置、定金等内容。

导读案例 （此案例为思政元素）

杭州某健身俱乐部是一家连锁经营公司，在杭州地区健身行业有一定的知名度，实行会员充值消费模式，现有会员3万多名。2019年10月，该健身俱乐部因房屋租赁合同纠纷被余杭某房地产开发公司诉至浙江省杭州市余杭区人民法院，后双方达成调解，该健身俱乐部分期支付租金等费用约350万元。2020年1月，因为该健身俱乐部未按照调解协议按期支付租金，该房地产开发公司申请强制执行。恰逢疫情暴发，该健身俱乐部停业，没有任何营业收入。该房地产开发公司要求解除租赁合同，收回租赁场地，该健身俱乐部复工复产遇到重大障碍。杭州市余杭区人民法院随即走访该房地产开发公司与该健身俱乐部，获悉在疫情发生前，该健身俱乐部积极履行，已支付前两期租金130万元，部分会员从其他渠道获悉该健身俱乐部有"官司缠身"，经常相约去俱乐部询问了解情况，更有会员要求退会员费，给社会稳定造成一定隐患，在一定程度上影响了疫情防控。

案例思考题：在特殊时期，我们应该如何评价余杭区人民法院的做法？

导读案例答案

（案例来源：中国法院网，案例经编者加工整理）

理论知识

一、担保的概念

担保是指依照法律规定或者由当事人双方经过协商一致而约定，为保障合同债权实现的法律措施。合同担保的方式包括保证、抵押、质押、留置、定金。

担保合同是指债权人与担保人约定的，以担保法规定的担保方式担保债权实现的合同。担保合同是主合同的从合同，担保合同的法律效力取决于主合同的法律效力，主合同无效，担保合同无效。

二、保证

保证是指保证人和债权人约定，当债权人不履行债务时，保证人按照约定履行债务或者承担责任的行为。

（一）保证合同

保证合同是为保障债权的实现，保证人和债权人约定，当债务人不履行到期债务或者发生当事人约定的情形时，保证人履行债务或者承担责任的合同。保证合同是主债权债务合同的从合同。主债权债务合同无效的，保证合同无效，但是法律另有规定的除外。保证合同被确认无效后，债务人、保证人、债权人有过错的，应当根据其过错各自承担相应的民事责任。

保证合同的内容一般包括被保证的主债权的种类、数额，债务人履行债务的期限，保证的方式、范围和期间等条款。保证合同可以是单独订立的书面合同，也可以是主债权债务合同中的保证条款。第三人单方以书面形式向债权人作出保证，债权人接受且未提出异议的，保证合同成立。

（二）保证人

保证人是具有代为清偿债务能力的法人、其他组织或者公民。机关法人不得为保证人，但是经国务院批准为使用外国政府或者国际经济组织贷款进行转贷的除外。以公益为目的的非营利法人、非法人组织不得为保证人。

（三）保证方式与责任

保证方式包括一般保证和连带责任保证。当事人在保证合同中对保证方式没有约定或者约定不明确的，按照一般保证承担保证责任。保证责任的范围包括主债权及利息、违约金、损害赔偿金和实现债权的费用。保证合同另有约定的，按照约定。

1. 一般保证

一般保证是指当事人在保证合同中约定，当债务人不能履行债务时，保证人承担保证责任的保证。一般保证的保证人对债权人享有先诉抗辩权，即在主合同纠纷未经审判或者仲裁，并就债务人财产依法强制执行仍不能履行债务前，对债权人可以拒绝承担保证责任。

有下列情形之一的，保证人不得行使先诉抗辩权：

（1）债务人下落不明，且无财产可供执行。
（2）人民法院已经受理债务人破产案件。
（3）债权人有证据证明债务人的财产不足以履行全部债务或者丧失履行债务能力。
（4）保证人书面表示放弃本款规定的权利。

2. 连带责任保证

连带责任保证是指当事人在保证合同中约定保证人与债务人对债务承担连带责任的保证。连带责任保证的债务人在主合同规定的债务履行期届满没有履行债务的，债权人可要求债务人履行债务，也可以要求保证人在其保证范围内承担保证责任。

三、抵押

抵押是指为担保债务的履行，债务人或者第三人不转移财产的占有，将该财产抵押给债权人的，债务人不履行到期债务或者发生当事人约定的实现抵押权的情形，债权人有权就该财产优先受偿。债务人或者第三人为抵押人，债权人为抵押权人，提供担保的财产为抵押物。

（一）抵押权

《民法典》第416条规定，动产抵押担保的主债权是抵押物的价款，标的物交付后10日内办理抵押登记的，该抵押权人优先于抵押物买受人的其他担保物权人受偿，但是留置权人除外。

（1）担保物权（抵押、质押、留置）的担保范围包括主债权及其利息、违约金、损害赔偿金、保管担保财产和实现担保物权的费用。当事人另有约定的，按照约定。

（2）债务人不履行到期债务时，抵押权人可以与抵押人协议以抵押财产折价或者以拍卖、变卖该抵押财产所得的价款优先受偿。协议损害其他债权人利益的，其他债权人可以在知道或者应当知道撤销事由之日起1年内请求人民法院撤销该协议。

（3）抵押物拍卖价款的清偿顺序：①实现抵押权的费用；②主债权的利息；③主债权。

（二）抵押权人的权利

（1）抵押权顺位的变更。抵押权人与抵押人可以协议变更抵押权顺位以及被担保的债权数额等内容。但抵押权的变更未经其他抵押权人书面同意的，不得对其他抵押权人产生不利影响。

（2）放弃抵押权。

（三）抵押物的形式

《民法典》第395条规定，债务人或者第三人有权处分的下列财产可以抵押：
（1）建筑物和其他土地附着物；
（2）建设用地使用权；
（3）海域使用权；
（4）生产设备、原材料、半成品、产品；
（5）正在建造的建筑物、船舶、航空器；
（6）交通运输工具；
（7）法律、行政法规未禁止抵押的其他财产。
不得作为抵押物的财产如下：
（1）土地所有权；
（2）宅基地、自留地、自留山等集体所有土地的使用权，但是法律规定可以抵押的除外；

（3）学校、幼儿园、医疗机构等为公益目的成立的非营利法人的教育设施、医疗卫生设施和其他公益设施；

（4）所有权、使用权不明或者有争议的财产；

（5）依法被查封、扣押、监管的财产；

（6）法律、行政法规规定不得抵押的其他财产。

（四）抵押登记

（1）必须登记，登记生效。《民法典》规定的正在建造的建筑物抵押的，应当办理抵押登记。抵押权自登记时设立。如果当事人未办理登记，只是抵押权未设立，但不影响抵押合同的生效。抵押合同自签订之日起成立并生效，是否登记不影响抵押合同的生效，只影响抵押权的设立。

（2）可以不登记，但登记了可以对抗第三人。当事人以生产设备、原材料、半成品、产品，正在建造的船舶、航空器，交通运输工具设定抵押，抵押权自抵押合同生效时（签订时）设立。但未经登记，不得对抗善意第三人。以动产抵押的，不得对抗正常经营活动中已经支付合理价款并取得抵押财产的买受人。

（五）物权重合时的清偿顺序

（1）同一财产向两个以上债权人设定抵押时的清偿顺序：①抵押权已登记的，按照登记的先后顺序清偿；②抵押权已登记的先于未登记的受偿；③抵押权未登记的，按照债权比例清偿。

（2）同一财产既设立抵押权又设立质权的，拍卖、变卖该财产所得的价款按照登记、交付的时间先后确定清偿顺序。

四、质押

质权也称质押权，是指为担保债务的履行，债务人或者第三人将其动产出质给债权人占有的，债务人不履行到期债务或者发生当事人约定的实现质权的情形，债权人有权就该动产优先受偿。债务人或者第三人为出质人，债权人为质权人，交付的动产为质押财产。法律、行政法规禁止转让的动产不得出质。

（一）权利质权

权利质权是以可转让的权利为标的物的质权。作为权利质权标的物的权利必须是可让与的财产权。下列权利可以出质：

（1）汇票、支票、本票；

（2）债券、存款单；

（3）仓单、提单；

（4）可以转让的基金份额、股权；

（5）可以转让的注册商标专用权、专利权、著作权等知识产权中的财产权；

（6）现有的以及将有的应收账款；

（7）法律、行政法规规定可以出质的其他财产权利。

（二）动产质权

（1）质权自出质人交付质押财产时设立。以间接占有的财产出质的，书面通知送达占有人时视为移交。

（2）质权人在质权存续期间，未经出质人同意，擅自使用、处分质押财产，给出质人造成损害的，应当承担赔偿责任。

（3）动产质权设立后，在主债务清偿以前，质权人有权收取质押财产的孳息，孳息应当先充抵收取孳息的费用。

（4）质权人可以放弃质权。债务人以自己的财产出质，质权人放弃该质权的，其他担保人在质权人丧失优先受偿权益的范围内免除担保责任，但是其他担保人承诺仍然提供担保的除外。

（5）质权人员有妥善保管质押财产的义务；因保管不当致使质押财产毁损、灭失的，应当承担赔偿责任。

（6）出质人与质权人可以协议设立最高额质权。

五、留置

留置是指债务人不履行到期债务，债权人可以留置已经合法占有的债务人的动产，并就该动产优先受偿。债权人为留置权人，占有的动产为留置财产。留置权属于留置权人对留置财产丧失占有或者置权人接受债务人另行提供担保的，留置权消灭。

（一）留置权成立的条件

（1）留置财产为可分物的，留置财产的价值应当相当于债务的金额。留置权的适用范围不再局限于特定的合同关系，不当得利、无因管理等准合同关系也可以产生留置权。在承揽合同、运输合同、保管合同、仓储合同、行纪合同中可以产生留置权。

（2）对于企业之间留置权的行使，可以不以同一债权债务关系为要件。

（二）留置权人的义务

（1）留置权人负有妥善保管留置财产的义务；因保管不善致使留置财产毁损、灭失的，应当承担赔偿责任。

（2）同一动产上已设立抵押权或者质权，该动产又被留置的，留置权人优先受偿。

（三）留置权人的权利

（1）留置标的物。留置权人与债务人应当约定留置财产后的债务履行期限；没有约定或者约定不明确的，留置权人应当给债务人60日以上履行债务的期限，但是鲜活易腐等不易保管的动产除外。

（2）优先受偿。债务人超过规定的期限仍不履行其债务时，留置权人可以与债权人协议以留置财产折价，也可以就拍卖、变卖留置财产所得的价款优先受偿。

课堂讨论 2-5

法律规定哪些情况发生时可以交付定金?

课堂讨论答案（2-5）

六、定金

定金是由合同一方当事人预先向对方当事人交付一定数额的货币,以保证合同的订立或履行的担保方式。

(一) 定金的设立

定金应当以书面形式约定。定金合同从实际交付定金之日起生效。定金的数额由当事人约定,但不得超过主合同标的额的 20%。当事人约定的定金数额,超过这一标准的,其超过部分无效。实际交付的定金数额多于或者少于约定数额,视为变更定金合同;收受定金一方提出异议并拒绝接受定金的,定金合同不生效。

(二) 定金的效力

债务人履行债务的,定金应当抵作价款或者收回。给付定金的一方不履行债务或者履行债务不符合约定,致使不能实现合同目的的,无权请求返还定金;收受定金的一方不履行债务或者履行债务不符合约定,致使不能实现合同目的的,应当双倍返还定金。

当事人一方不完全履行合同的,应按照未履行部分所占合同约定内容的比例,适用定金罚则。因当事人一方迟延履行或者有其他违约行为,致使合同目的不能实现,可以适用定金罚则。

因不可抗力、意外事件致使主合同不能履行的,不适用定金罚则。因合同关系以外第三人的过错,致使主合同不能履行的,适用定金罚则。受定金处罚的一方当事人,可以依法向第三人追偿。

债权人履行债务后,定金应当收回。

案例讨论 2-5 （此案例为思政元素）

2018 年 10 月 22 日,李某在某购物广场购买"呛面馒头"一袋。该商品外包装载明该食品保质期至 2018 年 10 月 20 日,李某购买后发现该食品为过期食品。李某认为该购物广场的销售行为违反《食品安全法》第 34 条关于"禁止生产经营下列食品、食品添加剂、食品相关产品:(十)标注虚假生产日期、保质期或者超过保质期的食品、食品添加剂"的规定,遂提起诉讼,请求判令被告退还货款并给予原告赔偿金 1 000 元。

案例思考题:
(1) 李某与该购物广场是否存在买卖合同关系?
(2) 李某的诉求是否符合法律法规?

案例讨论答案（2-5）

（案例来源:中国法院网,案例经编者加工整理）

模块六　合同的转让、终止与责任

学习要点

1. 熟悉合同的变更、合同的转让。
2. 了解合同的违约责任等。

导读案例　（此案例为思政元素）

江州市自来水总公司（以下简称自来水公司）与民营企业江州市明塔区明塔宾馆（以下简称明塔宾馆）之间存在供应水合同。2019年7月之前，明塔宾馆均按照合同约定及相关规定交纳了水费。2019年7月初，自来水公司工作人员告知明塔宾馆该月水费1万多元，明塔宾馆对此提出异议，未予交纳。2019年7月17日，自来水公司给明塔宾馆出具了该月用水量120吨、水费720元的发票，要求明塔宾馆交纳，明塔宾馆未交纳。2019年7月24日，自来水公司为明塔宾馆更换了水表，明塔宾馆法定代表人、自来水公司工作人员在会签单上签字。2019年8月8日、9月6日，自来水公司两次向明塔宾馆送达停水通知书，限明塔宾馆分别于2019年8月10日上午9时前补交拖欠水费11 904元、2019年9月10日上午9时前补交拖欠水费12 624元，逾期不交将按有关规定实施停水处理，其后果自负。明塔宾馆因对该水费存在异议，与自来水公司交涉未果，故仍未交纳。2019年9月3日，自来水公司向该市公用事业与房产局申请停止向明塔宾馆供水，该局批示"同意按有关规定处理"。2019年9月11日，自来水公司停止向明塔宾馆供水。明塔宾馆提起诉讼，要求自来水公司恢复供水。

案例思考题：

（1）自来水公司对明塔宾馆停止供水之前，该市公用事业与房产局并未明确批准其停止供水，自来水公司私自停水属于什么行为？

（2）自来水公司私自停水是否属于违法行为？

（案例来源：中国法院网，案例经编者加工整理）

理论知识

一、合同的变更

合同的变更是指合同内容的变更，不包括合同主体的变更。合同是双方当事人合意的体现，因此经当事人协商一致，可以变更合同。但法律、行政法规规定变更合同应当办理批准、登记等手续的，应当办理相应手续。当事人对合同变更的内容约定不明确的，推定为未变更。合同的变更，除当事人另有约定的以外，仅对变更后未履行的部分有效，对已履行的部分无溯及力。

(1) 协议变更，双方通过合意变更合同。
(2) 法定变更，即一方当事人单方通知对方变更合同的权利。

二、合同的转让

(1) 债权人可以将债权的全部或者部分转让给第三人，但是有下列情形之一的除外：①根据债权性质不得转让；②按照当事人约定不得转让；③依照法律规定不得转让。

当事人约定非金钱债权不得转让的，不得对抗善意第三人。当事人约定金钱债权不得转让的，不得对抗第三人。债权人转让债权，未通知债务人的，该转让对债务人不发生效力。

债权人转让权利的通知不得撤销，但是经受让人同意的除外。债权人转让权利的，受让人取得与债权有关的从权利，但是该从权利专属于债权人自身的除外。受让人取得从权利不因该从权利未办理转移登记手续或者未转移占有而受到影响。

(2) 债务人接到债权转让通知后，债务人对让与人的抗辩，可以向受让人主张。有下列情形之一的，债务人可以向受让人主张抵销：①债务人接到债权转让通知时，债务人对让与人享有债权，且债务人的债权先于转让的债权到期或者同时到期；②债务人的债权与转让的债权是基于同一合同产生。

因债权转让增加的履行费用，由让与人负担。债务人将债务的全部或者部分转移给第三人的，应当经债权人同意。债务人或者第三人可以催告债权人在合理期限内予以同意，债权人未作表示的，视为不同意。第三人与债务人约定加入债务并通知债权人，或者第三人向债权人表示愿意加入债务，债权人未在合理期限内明确拒绝的，债权人可以请求第三人在其愿意承担的债务范围内和债务人承担连带债务。债务人转移债务的，新债务人可以主张原债务人对债权人的抗辩；原债务人对债权人享有债权的，新债务人不得向债权人主张抵销。债务人转移债务的，新债务人应当承担与主债务有关的从债务，但是该从债务专属于原债务人自身的除外。

(3) 当事人一方经对方同意，可以将自己在合同中的权利和义务一并转让给第三人。合同的权利和义务一并转让的，适用债权转让、债务转移的有关规定。

三、合同的终止

合同的终止是指因发生法律规定或当事人约定的情况，使当事人之间的权利义务关系消灭，而使合同终止法律效力。债权债务终止后，当事人应当遵循诚信等原则，根据交易习惯履行通知、协助、保密、旧物回收等义务。

合同终止的原因如下：

(1) 债务已经按照约定履行。
(2) 合同解除。

合同解除有以下几种方式：

一是约定解除。双方在订立合同时，约定了合同当事人一方解除合同的条件。一旦条件成就，解除权人就可以通过行使解除权而终止合同。

二是协商解除。合同订立后，经当事人协商一致，也可以解除合同。

三是法定解除。法定解除的情形包括：①因不可抗力致使不能实现合同目的；②在履行期限届满之前，当事人一方明确表示或者以自己的行为表明不履行主要债务；③当事人一方迟延履行主要债务，经催告后在合理期限内仍未履行；④当事人一方迟延履行债务或者有其他违约行为致使不能实现合同目的；⑤法律规定的其他情形。

以持续履行的债务为内容的不定期合同，当事人可以随时解除合同，但是应当在合理期限之前通知对方。当事人一方主张解除合同时，应当通知对方，合同自通知到达对方时解除。对方有异议的，可以请求人民法院或者仲裁机构确认解除合同的效力。通知载明债务人在一定期限内不履行债务则合同自动解除，债务人在该期限内未履行债务的，合同自通知载明的期限届满时解除。对方对解除合同有异议的，任何一方当事人均可以请求人民法院或者仲裁机构确认解除行为的效力。当事人一方未通知对方，直接以提起诉讼或者申请仲裁的方式依法主张解除合同，人民法院或者仲裁机构确认该主张的，合同自起诉状副本或者仲裁申请书副本送达对方时解除。

（3）债务抵销。债务抵销包括法定抵销和约定抵销两种形式：①法定抵销，指当事人互负到期债务，债务标的物种类、品质相同的，任何一方均可主张抵销。②约定抵销，指当事人互负债务，标的物种类、品质不相同的，经双方协商一致，也可以抵销。

（4）标的物提存。提存是指因债权人的原因而无法向债权人给付债之标的物时，债务人可以将该标的物提交给提存机关而使合同权利义务关系终止的行为。

有下列情形之一，难以履行债务的，债务人可以将标的物提存：①债权人无正当理由拒绝受领；②债权人下落不明；③债权人死亡未确定继承人、遗产管理人，或者丧失民事行为能力未确定监护人；④法律规定的其他情形。

标的物不适于提存或者提存费用过高的，债务人依法可以拍卖或者变卖标的物，提存所得的价款。

（5）债务免除。债务免除是指债权人放弃部分或全部债权，免除债务人部分或者全部债务的一种单方法律行为。债权人免除债务人部分或者全部债务的，合同的权利义务部分或者全部终止，但是债务人在合理期限内拒绝的除外。

（6）债的混同。混同是指债权人和债务人同归于一人，从而使合同关系消灭。债权人和债务人同归于一人的，合同的权利义务终止，但涉及第三人利益的除外。

（7）法律规定或者当事人约定终止的其他情形。

> **课堂讨论 2-6** （此课堂讨论为思政元素）
>
> 订立合同的当事人在什么情况下要承担缔约过失责任？
>
>
>
> 课堂讨论答案（2-6）

四、违约责任

（一）违约责任的概念

只要当事人不履行合同义务或者履行合同义务不符合约定，除存在不可抗力等法定免责事由或当事人另有约定外，不管违约方主观上是否存有过错，都需要承担违约责任。

（二）承担违约责任的方式

1. 继续履行

违约的当事人无论是否已经承担赔偿金或者违约金责任，都必须按照对方的要求，在自己能够履行的条件下，对原合同未履行的部分继续履行。继续履行合同，既是为了实现合同的目的，又是一种承担违约责任的方式。

2. 补救措施

采取补救措施，主要发生在标的物质量不符合约定的情况下。履行不符合约定的，应当按照当事人的约定承担违约责任。对违约责任没有约定或者约定不明确，依照合同约定不明的补充规则仍不能确定的，受损害方根据标的的性质以及损失的大小，可以合理选择要求对方承担修理、重作、更换、退货、减少价款或者报酬等违约责任。

3. 赔偿损失

合同当事人一方不履行合同或者不适当履行合同给对方造成损失的，应依法或依照合同约定承担赔偿责任。

当事人一方违约后承担了继续履行或者采取补救措施等违约责任后，对方还有其他损失的，仍应当赔偿损失。损失赔偿额不得超过违反合同一方订立合同时预见到或者应当预见到的因违反合同可能造成的损失。一方违约并造成损失后，另一方应及时采取合理的措施防止损失扩大；否则，无权请求违约方对扩大的损失进行赔偿。当事人因防止损失扩大而支出的费用由违约方承担。

4. 支付违约金

违约金是指当事人约定一方违约时根据违约情况应向对方支付的一定数额的金钱。约定的违约金过分低于或高于造成的损失的，当事人可以请求人民法院或者仲裁机构予以增加或适当减少。当事人约定的违约金超过造成损失的30%的，一般可以认定为"过分高于造成的损失"。当事人认为约定的违约金过分低于造成的损失，请求人民法院增加违约金的，增加后的违约金数额以不超过实际损失额为限。当事人就迟延履行约定违约金的，违约方支付违约金后，还应当履行债务。

5. 定金

债务人履行债务的，定金应当抵作价款或者收回。给付定金的一方不履行债务或者履行债务不符合约定，致使不能实现合同目的的，无权请求返还定金；收受定金的一方不履行债务或者履行债务不符合约定，致使不能实现合同目的的，应当双倍返还定金。当事人既约定违约金，又约定定金的，一方违约时，对方可以选择适用违约金或者定金条款。定金不足以弥补一方违约造成的损失的，对方可以请求赔偿超过定金数额的损失。

（三）违约责任的免除

在合同履行过程中，由于法律规定的或者当事人约定的免责事由致使当事人不能履行合同义务或者履行合同义务不符合约定的，当事人可以免于承担违约责任。违约责任的免除主要有以下两种情形：

1. 不可抗力

不可抗力是指不能预见、不能避免并不能克服的客观情况。因不可抗力不能履行合同的，根据不可抗力的影响，部分或者全部免除责任。当事人迟延履行后发生不可抗力的，不能免除责任。不可抗力包括如下内容：

（1）因自然原因引起的，如地震、洪水、暴雪等。

（2）因社会原因引起的，如战争、骚乱、罢工等。

当事人因不可抗力不能履行合同的，应及时通知对方，减轻可能给对方造成的损失，并应在合理期限内提供证明。

2. 免责条款

免责条款是双方在合同中约定的免除或者限制其未来责任的条款。免责条款必须经合同当事人充分协商，并且其内容必须符合法律的规定，才具有法律效力。

案例讨论 2-6

2014年3月7日，杨某向金牛支行贷款购买一辆汽车，鑫铃公司作为担保人。同日，杨某与鑫铃公司签订《个人汽车贷款委托担保合同》，约定若杨某未按时、足额还款，其行为属于违约，应承担违约责任。后杨某未按时还按揭款，鑫铃公司按照金牛支行要求代偿。2015年5月，鑫铃公司委托冰冰公司代其收管逾期客户贷款购买的车辆，委托期限一年。而杨某诉至法院请求返还车辆，双方就鑫铃公司是否有权控制涉案车辆产生争议。

案例思考题：鑫铃公司是否有权控制涉案车辆？

案例讨论答案（2-6）

（案例来源：中国司法案例网，案例经编者加工整理）

一、同步练习

1. 填空题

（1）根据《民法典》第469条第1款的规定，当事人订立合同，可以采用_____、_____或者其他形式。

（2）合同履行中的抗辩权包括_____、_____和_____。

（3）保证人是_____。

2. 选择题

（1）当事人自知道或应当知道撤销事由之日起1年内、重大误解的当事人自知道或者

应当知道撤销事由之日起____日内没有行使撤销权，撤销权消灭。（　　）

A. 30　　　B. 60　　　C. 90　　　D. 120

（2）撤销权自债权人知道或应当知道撤销事由之日起____年内行使。自债务人的行为发生之日起____年内没有行使撤销权的，该撤销权消灭。（　　）

A. 1、2　　　B. 1、3　　　C. 1、5　　　D. 1、6

（3）没有约定或者约定不明确的，保证期间为主债权履行期限届满之日起____个月。（　　）

A. 3　　　B. 6　　　C. 9　　　D. 12

3. 判断题

（1）根据是否以标的物的交付为要件，合同可分为有偿合同与无偿合同。（　　）

（2）当受要约人已经为履行合同做了合理准备工作时，要约依旧可以撤销。（　　）

（3）定金是由合同一方当事人预先向对方当事人交付一定数额的货币，以保证合同的订立或履行的担保方式。（　　）

4. 问答题

（1）合同具有哪些法律特征？

（2）行使代位权应注意哪些问题？

（3）留置权的效力是什么？

（4）合同的转让还包括哪些事务的转让？

项目二同步练习答案

二、案例分析与应用

案例一：劳动者陈某于2019年3月8日向广大牧业投资（北京）有限公司（以下简称广大公司）提交离职申请，广大公司未予答复。陈某于2019年3月25日向广大公司提交"撤回离职申请的申请"，并于2019年4月7日后未再出勤。后陈某请求广大公司支付报酬和安排岗位，广大公司不同意该请求，于2019年7月25日回函表示，双方劳动关系因陈某提出离职申请，于2019年4月8日解除，双方遂发生争议。陈某起诉至法院，主张广大公司未批准其离职申请，其在30日内申请撤回离职请求，故单方解除行为未能生效，双方劳动合同尚未解除，广大公司回函属于违法解除劳动合同，要求广大公司支付违法解除劳动合同经济赔偿金；广大公司主张陈某主动提出离职，双方劳动合同于陈某出勤最后一日之后即2019年4月8日合法解除。

案例思考题：

（1）陈某的上诉请求能否得到法院的支持？

（2）广大公司应不应该支付经济赔偿金？

（案例来源：中国司法案例网，案例经编者加工整理）

案例二：某制衣厂（以下简称甲方）为生产高档毛衣向某机械厂（以下简称乙方）订购了一套机织设备。双方本应按照约定签订书面合同，但由于乙方说不签合同也没关系，表示肯定能够在两个月内送货上门，并安装调试至顺利生产，故双方没有签订书面合同。两个月后，乙方准时将设备送到甲方，并进行了安装调试。安装完毕之后在试生产过程中，机器出现故障。甲方请乙方的专业人员又进行了两次调试，但故障仍未排除，于是，甲方以合同未采用法律规定的书面形式为由，要求认定合同不成立，并退货。

案例思考题：

(1) 甲方认定合同不成立的请求有无法律依据？

(2) 乙方的做法是否符合约定？为什么？

(3) 此案应如何处理？

案例分析与应用答案

（案例来源：江苏省高级人民法院网）

三、实务操作训练

请试着草拟一份产品交易合同，注意相关法律条文规定。

课外同步练习题

项目三

营销人员法律

名人警句

法律是一切人类智慧聪明的结晶,包括一切社会思想和道德。

知识目标

1. 掌握劳动法的相关概念。
2. 掌握劳动合同法的相关概念。

技能目标

1. 培养学生运用劳动法律知识解决实际问题的能力。
2. 培养学生运用社会保险法律知识维护自身合法权益的能力。

知识导图

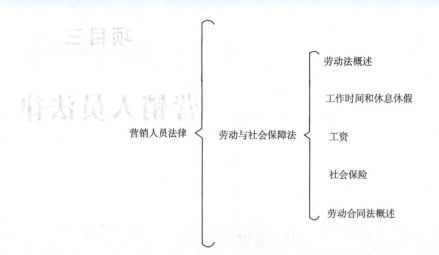

营销人员法律 —— 劳动与社会保障法
- 劳动法概述
- 工作时间和休息休假
- 工资
- 社会保险
- 劳动合同法概述

应用案例

2015年12月24日,倪某某所在单位江州文具公司向江州市社会保险事业管理中心(以下简称市社保中心)提出申请,要求将倪某某1992年年底前连续工龄从14年2个月调整为20年2个月,并提交了倪某某的档案材料以及安徽省铜陵市天成煤矿(以下简称天成煤矿)于2015年12月18日出具的证明:"经核实原我矿职工倪某某,在个人档案中有关1987年的除名文件,已在1990年按矿党委决议正式恢复其工作的文件里予以撤销。"市社保中心审核后认为,根据倪某某档案材料反映其于1985年2月至1987年8月旷工,1987年8月被除名,1991年4月经照顾由天成煤矿招收为集体工人。根据相关规定,1985年2月至1987年8月旷工期间不能计算工龄。1987年8月至1991年3月倪某某未有相应的工作记录,故也不能计算工龄。市社保中心遂于2016年1月5日制作办理情况回执(以下简称被诉回执),告知由于倪某某提供的材料不全,且表示无法进一步补全材料,申请的养老保险个人账户关键信息调整的业务不能办理,提供的材料一并退回,并送达倪某某。倪某某收悉后不服,诉至法院,要求判决撤销市社保中心作出的被诉回执。

案例思考题:法院如何认定发生争议后的工龄问题?

应用案例答案

(案例来源:中国司法案例网,案例经编者加工整理)

模块 劳动与社会保障法

学习要点

1. 了解劳动法的一般内容。
2. 掌握工作时间、工作制度和社会保障制度的相关内容。
3. 熟悉劳动合同的内容。

导读案例（此案例为思政元素）

司马明兰之父司马华生前与北方体校自2010年10月起存在劳动关系，在北方体校从事男生宿舍管理工作，每晚9时20分许将男生宿舍上锁。2013年12月26日晚上9时许，司马华被发现晕倒在北方体校男生宿舍值班室，后被赶来的家属送到邵阳市中心医院抢救，翌日晚上9时20分许，司马华经抢救无效死亡。2014年2月27日，司马明兰持相关材料向邵阳市人社局提交申请，要求对司马华作工亡认定。邵阳市人社局受理后即向北方体校送达了《工伤认定协助调查通知书》与《举证通知书》。同年3月6日北方体校签收后，于翌日提交申辩材料，主张司马华与北方体校没有劳动关系。司马明兰得知北方体校的异议主张后，以北方体校为其父司马华的用工单位，向邵阳市人社局提出工亡认定申请。邵阳市人社局受理后，再次向北方体校送达了《工伤认定协助调查通知书》与《举证通知书》。北方体校于2014年3月19日签收后，提交了不是司马华劳动用工单位的申辩材料。邵阳市人社局收到北方体校的异议材料后，通知当事人先进行劳动关系仲裁。之后，劳动关系争议各方当事人先后经过仲裁与诉讼。邵阳市双清区人民法院判决确认司马华与北方体校从2010年10月起存在劳动关系，二审维持该判决。邵阳市人社局根据司马明兰提交的上述生效判决及相关工伤申请材料，于2015年4月30日作出邵工伤认字〔2015〕00161号《认定工伤决定书》，对司马华的死亡认定为（视同）工亡。同时告知当事人依法享有行政复议与诉讼的权利，并送达了当事人。

北方体校对该认定工伤决定不服，向原审法院提起行政诉讼。原审法院认为，本案争议的焦点是被诉行政行为认定事实的证据是否确凿、程序是否合法。根据《工伤保险条例》第19条第2款规定，劳动者或者其近亲属认为是工伤，用人单位不认为是工伤的，由用人单位承担举证责任。本案中，北方体校称其与司马华不存在劳动关系，虽在行政程序中提交了相关证据，但其证明效力明显低于人民法院生效判决的证明效力，应当承担举证不能的法律后果。司马华在工作时间和工作岗位，突发疾病，经抢救无效于48小时内死亡，死亡情形符合《工伤保险条例》第15条第（一）项的规定，依法应当认定为（视同）工亡，被诉行政行为认定事实的证据确凿。邵阳市人社局在行政程序中依法履行了举证告知义务，并依程序向当事人送达了相关法律文书，符合法定程序。邵阳市人社局作出行政行为时，引用了《工伤保险条例》的相关规定，适用法律、法规正确。故邵阳市人社局于 2015 年 4 月 30 日作出的邵工伤认字〔2015〕00161 号《认定工伤决定书》证据确凿，适用法律、法规正确，符合法定程序，北方体校要求撤销的诉讼请求，没有事实与法律依据，不予支持。据此，依照《中华人民共和国行政诉讼法》第 69 条之规定，判决驳回原告北方体校的诉讼请求。上诉人北方体校上诉称，邵阳市人社局在对司马华的工亡认定过程中，因劳动关系是否存在的问题需要仲裁和诉讼而中止，在恢复工伤认定时没有告知其举证、质证，程序违法；司马华受伤情形不符合工伤认定条件；原审法院认定被诉行政行为合法，属认定事实错误，适用法律错误。请求撤销原审判决，撤销邵工伤认字〔2015〕00161 号《认定工伤决定书》。被上诉人辩称，司马华的受伤情形符合工伤认定条件；上诉人北方体校应当对司马华的死亡承担用工主体责任；该局作出的具体行政行为程序合法。请求驳回上诉，维持该局具体行政行为。原审第三人司马明兰陈述的意见与被上诉人的答辩意见一致。当事人在一审中提交的证据已随案移送法院。一审经审理查明的案件事实法院予以确认。

案例思考题：法院对该案件的审判合理吗？

导读案例答案

（案例来源：中国司法案例网，案例经编者加工整理）

理论知识

一、劳动法概述

（一）劳动法概念

劳动法是调整劳动关系以及与劳动关系密切联系的其他社会关系的法律规范的总称。

劳动法有狭义和广义之分。从狭义上讲，我国劳动法是指《中华人民共和国劳动法》（以下简称《劳动法》）；从广义上讲，劳动法是调整劳动关系的法律法规，以及调整与劳动关系密切联系的其他社会关系的法律规范的总称，其内容主要包括：劳动者的主要权利和义务；劳动就业方针政策及录用职工的规定；劳动合同的订立、变更与解除程序的规定；集体合同的签订与执行办法；工作时间与休息时间制度；劳动报酬制度；劳动卫生和安全技术规程等。

1994 年第八届全国人大常委会第八次会议通过了《劳动法》，并于 1995 年 1 月 1 日起施行（2009 年 8 月 27 日、2018 年 12 月 29 日两次对该法做部分修订）。该法是中华人民共和国成立以来第一部全面规范劳动关系的劳动法律，它的颁行打破了所有制的界限，建立了公平的市场竞争规则。《劳动法》规定，只要是通过劳动合同与用人单位建立劳动关系的，都由《劳动法》统一调整，劳动关系的主体一律平等适用《劳动法》。这就消除了歧视，保证劳动者竞争机会均等。

（二）适用对象

（1）在中华人民共和国境内的企业、个体经济组织和与之形成劳动关系的劳动者，适用《劳动法》。

（2）国家机关、事业组织、社会团体和与之建立劳动合同关系的劳动者，依照《劳动法》执行。

公务员和参照公务员管理的事业组织和社会团体的工作人员、农村劳动者（乡镇企业职工和进城务工、经商的农民除外）、现役军人和家庭保姆等不适用《劳动法》。

二、工作时间和休息休假

1. 工作时间

《劳动法》规定的标准工作时间是劳动者每日工作时间不超过8小时，平均每周工作时间不超过44小时。对实行计件工作的劳动者，用人单位应当根据《劳动法》规定的工时制度合理确定其劳动定额和计件报酬标准。

企业因生产特点不能实行标准工时制的，经劳动行政部门批准，可以实行其他工作和休息办法。综合计算工时工作制是针对因工作性质特殊，需连续作业或受季节及自然条件限制的企业的部分职工，采用以周、月、季和年等为综合计算工作时间的一种工时制度，但其平均日工作时间和平均周工作时间应与法定标准工作时间基本相同。可以实行综合计算工时工作制的企业职工主要包括：交通、铁路、邮电、水运和渔业等行业中因工作性质特殊，需连续作业的职工；地质及资源勘探、建筑、制盐、制糖和旅游等受季节和自然条件限制的行业的部分职工。

符合下列条件之一的职工，可以实行不定时工作制：

（1）企业中的高级管理人员、外勤人员、推销人员、部分值班人员和其他因工作无法按标准工作时间衡量的职工。

（2）企业中的长途运输人员、出租汽车司机和铁路、港口、仓库的部分装卸人员，以及因工作性质特殊，需机动作业的职工。

（3）其他因生产特点、工作特殊需要或职责范围的关系，适合实行不定时工作制的职工。经批准实行不定时工作制的职工，不受《劳动法》规定的延长工作时间的标准的限制，但用人单位应采用弹性工作时间等适当的工作和休息方式，确保职工的休息、休假权利和生产工作任务的完成。

用人单位由于生产经营需要，经与工会和劳动者协商后可以延长工作时间，一般每日不得超过1小时；因特殊原因需要延长工作时间的，在保障劳动者身体健康的条件下延长工作时间每日不得超过3小时，但是每月不得超过36小时。

2. 在下列情形下，延长工作时间不受《劳动法》限制

（1）发生自然灾害、事故或因其他原因，威胁劳动者生命健康和财产安全，需要紧急处理的。

（2）生产设备、交通运输线路、公共设施发生故障，影响生产和公众利益，必须及时

抢修的。

（3）在法定节假日和公休节假日工作不能间断，必须连续作业的；或必须利用这一时期的停产进行设备检修、保养的。

（4）为完成国防紧急生产任务的。

（5）法律、行政法规规定的其他情形。

3. 加班加点的工资报酬

（1）安排劳动者延长工作时间的，支付不低于工资的150%的工资报酬。

（2）休息日安排劳动者工作又不能安排补休的，支付不低于工资的200%的工资报酬。

（3）法定休假日安排劳动者工作的，支付不低于工资的300%的工资报酬。

4. 用人单位在下列节日期间应当依法安排劳动者休假

（1）元旦；

（2）春节；

（3）国际劳动节；

（4）国庆节；

（5）法律、法规规定的其他休假节日。

> **课堂讨论**
>
> 用人单位应该给员工购买哪些社保项目？
>
>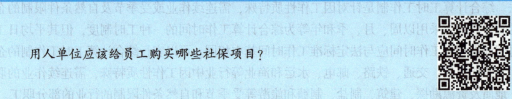
>
> 课堂讨论答案

三、工资

1. 工资概念

劳动者付出劳动，用工单位给予一定的报酬，即工资。劳动报酬权是劳动权利的核心，是对劳动者劳动的承认和评价。《劳动法》规定，工资分配应当遵循按劳分配原则，实行同工同酬。

国家实行最低工资保障制度，用人单位支付劳动者的工资不得低于当地最低工资标准。最低工资的具体标准由省、自治区和直辖市人民政府规定，报国务院备案。

确定和调整最低工资标准应当综合参考下列因素：

（1）劳动者本人及平均赡养人口的最低生活费用；

（2）社会平均工资水平；

（3）劳动生产率；

（4）就业状况；

（5）地区之间经济发展水平的差异。

2. 工资形式

工资应当以货币形式按月支付给劳动者本人，不得克扣或无故拖欠劳动者的工资。我国工资形式有计时工资、计件工资、奖金、津贴、补贴、特殊情况下的工资。

3. 工资支付保障

工资支付应遵循如下规则：
（1）工资应以法定货币支付。
（2）工资应按照约定时间支付。
（3）法定休假时期，企业应该按照劳动合同支付工资。
（4）工资应该足额支付。
（5）用人单位破产时，劳动者工资有权获得。

四、社会保险

社会保险是指国家为使公民共享发展成果，促进社会和谐稳定，通过立法确立的，以保险形式实行的，对处于年老、疾病、工伤、失业、生育等情况的公民提供一定的物质帮助或相应补偿，使其能维持基本生活的一种社会保障制度。社会保险具有立法强制性。中国的社会保险项目包括养老保险、医疗保险、工伤保险、失业保险和生育保险。

（一）养老保险

养老保险是社会保障制度的重要组成部分。养老保险是国家和社会根据一定的法律和法规，为解决劳动者在达到国家规定的解除劳动义务的劳动年龄界限，或者因年老丧失劳动能力退出劳动岗位后的基本生活而建立的一种社会保险制度。职工应当按照国家规定的工资比例缴纳基本养老保险费。养老保险缴费比例一般为：用人单位20%，职工个人8%。

保险费由劳动者个人、用人单位按工资比例缴纳，政府财政给予补贴；养老保险建立保险基金，由专门机构管理；养老保险基金实行社会统筹。参加基本养老保险的个人，达到法定退休年龄时累计缴费满15年的，按月领取基本养老金。不足15年的，可以缴费至满15年，按月领取基本养老金。

（二）医疗保险

医疗保险是指劳动者非因工患病、负伤而暂时或永久丧失劳动能力时，获得物质帮助的社会保险项目。在国家对公费医疗制度进行改革以后，基本医疗保险的费用由用人单位和职工双方共同负担。基本医疗保险缴费比例一般为：用人单位6%，职工个人2%。参加职工基本医疗保险的个人，达到法定退休年龄时累计缴费达到国家规定年限的，退休后不再缴纳基本医疗保险费，按照国家规定享受基本医疗保险待遇；未达到国家规定年限的，可以缴费至国家规定年限。

（三）工伤保险

工伤保险是指在工作中，有时会对劳动者造成某些伤害，为了保障因工作遭受事故伤害或患职业病的职工获得医疗救治和经济补偿，促进工伤预防和职业康复，分散用人单位的工伤风险的保险制度。

工伤的认定

（1）职工有下列情形之一的，应当认定为工伤：①在工作时间和工作场所内，因工作原因受到事故伤害的；②工作时间前后在工作场所内，从事与工作有关的预备性或收尾性工作受到事故伤害的；③在工作时间和工作场所内，因履行工作职责受到暴力等意外伤害的；④患职业病的；⑤因工外出期间，由于工作原因受到伤害或发生事故下落不明的；⑥在上下班途中，受到非本人主要责任的交通事故或城市轨道交通、客运轮渡、火车事故伤害的；⑦法律、行政法规规定应当认定为工伤的其他情形。

（2）职工有下列情形之一的，视同工伤：①在工作时间和工作岗位，突发疾病死亡或在48小时之内经抢救无效死亡的；②在抢险救灾等维护国家利益、公共利益活动中受到伤害的；③职工原在军队服役，因战、因公负伤致残，已取得革命伤残军人证，到用人单位后旧伤复发的。

（3）职工有下列情形之一的，不得认定为工伤或视同工伤：①故意犯罪的；②醉酒或吸毒的；③自残或自杀的；④法律规定的其他情形。

（4）工伤职工有下列情形之一的，停止享受工伤保险待遇：①丧失享受待遇条件的；②拒不接受劳动能力鉴定的；③拒绝治疗的。

（四）失业保险

失业保险是为了保障失业人员失业期间的基本生活，促进其再就业而制定的保险制度。失业保险缴费比例一般为：用人单位2%，职工个人1%。

具备下列条件的失业人员，可以领取失业保险金：①按照规定参加失业保险，所在单位和本人已按照规定履行缴费义务满1年的；②非因本人意愿中断就业的；③已办理失业登记，并有求职要求的。

享受失业保险的期限如下：

（1）失业人员失业前用人单位和本人累计缴费满1年不足5年的，领取失业保险金的期限最长为12个月。

（2）累计缴费满5年不足10年的，领取失业保险金的期限最长为18个月；累计缴费10年以上的，领取失业保险金的期限最长为24个月。

（3）重新就业后，再次失业的，缴费时间重新计算，领取失业保险金的期限与前次失业应当领取而尚未领取的失业保险金的期限合并计算，最长不超过24个月。

（五）生育保险

中国生育保险的享受者必须是符合法定结婚条件和计划生育条件的女性劳动者。根据《劳动法》，女职工的产假不少于90天。

生育保险费由用人单位按国家规定标准缴纳，职工个人不缴纳生育保险费。生育保险缴费比例按参保地社会保险征缴机构制定的标准执行。

五、劳动合同法概述

最新《中华人民共和国劳动合同法》（以下简称《劳动合同法》）于2013年7月1日起

施行。《劳动合同法》更加重视劳动者的利益。劳动合同是劳动者与用人单位确立劳动关系、明确双方权利和义务的协议。建立劳动关系应当订立劳动合同。订立和变更劳动合同，应当遵循平等自愿和协商一致的原则，不得违反法律、行政法规的规定。劳动合同依法订立即具有法律约束力，当事人必须履行劳动合同规定的义务。

（一）劳动合同的内容

所有的劳动合同内容必须合法，劳动合同内容必须具备《劳动合同法》规定的必备条款；其他可由当事人协商是否写入劳动合同的条款称为协商条款。劳动合同的必备条款有如下几项：

（1）用人单位的名称、住所和法定代表人或者主要负责人。
（2）劳动者的姓名、住址和居民身份证或者其他有效身份证件号码。
（3）劳动合同期限。
（4）工作内容和工作地点。
（5）工作时间和休息休假。
（6）劳动报酬。
（7）社会保险。
（8）劳动保护、劳动条件和职业危害防护。
（9）法律、法规规定应当纳入劳动的其他事项。

教学视频

（二）劳动合同的解除和终止

劳动合同的解除是指当事人双方提前终止劳动合同的法律效力，解除双方的权利义务关系，解除劳动合同是维护劳动合同当事人正当权益的重要保证。用人单位与劳动者协商一致，可以解除劳动合同。根据实际情况的不同，劳动合同双方解除合同可以分为下列几种情况：

1. 满足下列条件，劳动者可以解除劳动合同

（1）劳动者提前30日以书面形式通知用人单位的，可以解除劳动合同。
（2）劳动者在试用期内提前3日通知用人单位，可以解除劳动合同。

2. 用人单位有下列情形之一的，劳动者可以解除劳动合同

（1）未按照劳动合同约定提供劳动保护或劳动条件的。
（2）未及时足额支付劳动报酬的。
（3）未依法为劳动者缴纳社会保险费的。
（4）用人单位的规章制度违反法律、法规的规定，损害劳动者权益的。
（5）因《劳动合同法》第26条第1款规定的情形致使劳动合同无效的。
（6）用人单位以暴力、威胁或非法限制人身自由的手段强迫劳动者劳动的，或者用人单位违章指挥、强令冒险作业危及劳动者人身安全的。
（7）法律、行政法规规定劳动者可以解除劳动合同的其他情形。

3. 劳动者有下列情形之一的，用人单位可以解除劳动合同

（1）在试用期间被证明不符合录用条件的。
（2）严重违反用人单位的规章制度的。

(3) 严重失职，营私舞弊，给用人单位造成重大损害的。

(4) 劳动者同时与其他用人单位建立劳动关系，对完成本单位的工作任务造成严重影响，或者经用人单位提出，拒不改正的。

(5) 因《劳动合同法》第26条第1款第1项规定的情形致使劳动合同无效的。

(6) 被依法追究刑事责任的。

4. 有下列情形之一的，用人单位提前30日以书面形式通知劳动者本人或额外支付劳动者1个月工资后，可以解除劳动合同

(1) 劳动者患病或非因工负伤，在规定的医疗期满后不能从事原工作，也不能从事由用人单位另行安排的工作的。

(2) 劳动者不能胜任工作，经过培训或调整工作岗位，仍不能胜任工作的。

(3) 劳动合同订立时所依据的客观情况发生重大变化，致使劳动合同无法履行，经用人单位与劳动者协商，未能就变更劳动合同内容达成协议的。

5. 有下列情形之一，需要裁减人员20人以上或裁减不足20人但占企业职工总数10%以上的，用人单位提前30日向工会或全体职工说明情况，听取工会或职工的意见后，裁减人员方案经向劳动行政部门报告，可以裁减人员

(1) 依照企业破产法规定进行重整的。

(2) 生产经营发生严重困难的。

(3) 企业转产、重大技术革新或经营方式调整，经变更劳动合同后，仍需要裁减人员的。

(4) 其他因劳动合同订立时所依据的客观经济情况发生重大变化，致使劳动合同无法履行的。

6. 劳动者有下列情形之一的，用人单位不得依照《劳动合同法》有关预告解除和经济性裁员的规定解除劳动合同

(1) 从事接触职业病危害作业的劳动者未进行离岗前职业健康检查，或者疑似职业病病人在诊断或医学观察期间的。

(2) 在本单位患职业病或因工负伤并确认丧失或部分丧失劳动能力的。

(3) 患病或非因工负伤，在规定的医疗期内的。

(4) 女职工在孕期、产期、哺乳期的。

(5) 在本单位连续工作满15年，且距法定退休年龄不足5年的。

案例讨论 （此案例为思政元素）

林某某系海珠区外教中心幼儿园职工，与海珠区外教中心幼儿园存在劳动关系。2013年8月，林某某向广州公积金中心投诉，反映海珠区外教中心幼儿园欠缴其2004年1月至2006年8月的住房公积金。广州公积金中心收到上述投诉后，作出核查通知，要求海珠区外教中心幼儿园对其与林某某之间是否存在劳动关系等事项进行核实。海珠区外教中心幼儿园提出异议，认为其是非营利性民办教育机构，且已经和员工协商好不予缴纳公积金，其没有义务补缴公积金，就算有义务补缴，广州公积金中心核定的数额也偏高。广州公积金中心于2014年5月13日作出责令限期办理决定，责令海珠区外教中心幼儿园为林某某补缴住房公积金。海珠区外教中心幼儿园不服，提起诉讼。

案例思考题：

(1) 该幼儿园的说法是否合理？为什么？

(2) 本案应如何处理？

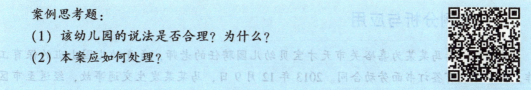

案例讨论答案

（案例来源：中国司法案例网，案例经编者加工整理）

课后习题

一、同步练习

1. 填空题

(1) 劳动法是调整_____以及_____的其他社会关系的法律规范的总称。

(2)《劳动法》规定的标准工作时间是劳动者每天工作不超过_____小时，平均每周工作不超过_____小时。

(3) 中国的社会保险项目包括_____、_____、_____、_____和_____。

2. 选择题

(1) 用人单位依照规定裁减人员，在____个月内重新招用人员的，应当通知被裁减的人员，并在等同条件下优先招用被裁减的人员。（   ）

A. 3　　　B. 6　　　C. 9　　　D. 12

(2) 劳动者提前____天以书面形式通知用人单位就可以解除劳动合同。（   ）

A. 15　　　B. 20　　　C. 30　　　D. 60

(3) 根据《工伤保险条例》第16条的规定，职工有下列哪个情形的，不得认定为工伤或视同工伤？（   ）

A. 故意犯罪的　B. 醉酒或吸毒的　C. 自残或自杀的　D. 以上都是

3. 判断题

(1)《劳动合同法》与《劳动法》具有不同的法律效力，并不会起冲突。（   ）

(2) 职工在单位并非因工死亡，其近亲属按照规定可以从工伤保险基金领取丧葬补助金、供养亲属抚恤金和一次性工亡补助金。（   ）

(3) 女职工在产假期间的生育津贴由用人单位按照本企业上年度职工平均工资计发，从生育保险基金支付。（   ）

4. 问答题

(1) 劳动法的适用范围是什么？

(2) 劳动者具有哪些情形时，用人单位可以与其解除劳动合同？

(3) 裁减人员时，应当优先留用哪些人员？

项目三同步练习答案

二、案例分析与应用

黄某某之妻马某某为嘉峪关市天才宝贝幼儿园聘任的老师,负责幼儿园小班的保育工作,但双方没有签订书面劳动合同。2013年12月9日,马某某发生交通事故,经送至市区医院抢救无效死亡。该事故经嘉峪关市公安局交通警察支队长城交警大队作出的道路交通事故认定书认定,马某某负事故的次要责任。2014年1月27日,黄某某向嘉峪关市人力资源和社会保障局提出工伤认定申请,称其妻子马某某2013年12月9日早上在上班途中发生交通事故死亡。2014年10月26日嘉峪关市人力资源和社会保障局作出《认定工伤决定书》,认定马某某为因工死亡。天才宝贝幼儿园不服该工伤认定,诉至法院。

案例思考题:
(1) 天才宝贝幼儿园的说法是否合理?为什么?
(2) 本案应如何处理?

三、实务操作训练

案例分析与应用答案

学生模拟制定劳动合同,根据《劳动法》《劳动合同法》的相关规定,就劳动合同中条款的合理性进行课堂讨论。

项目四

营销纠纷法律

名人警句

自由就是做法律许可范围内的事情的权利。

知识目标

1. 了解消费者权益、经营者的义务、消费争议解决的途径等内容。
2. 掌握经济仲裁与诉讼的相关内容。
3. 了解不正当竞争行为的表现形式及其法律责任。
4. 了解垄断行为的表现形式。

技能目标

1. 培养学生运用法律知识解决实际问题、维护消费者合法权益的能力。
2. 培养学生对消费者权益受损害行为、不正当竞争行为及垄断行为的识别分析能力。

知识导图

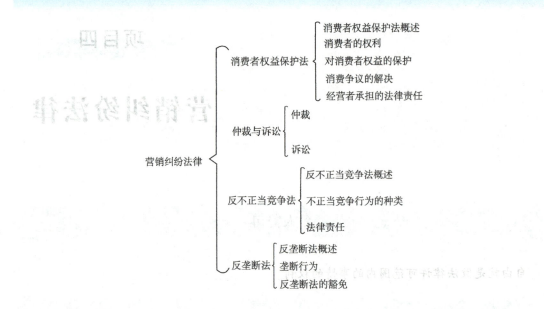

2020年2月22日,山东省高级人民法院审结了一起不正当竞争案例,济南天山泉酿酒有限公司(以下简称天山泉公司)诉杨某的不正当竞争纠纷,历经两审司法程序,终于维权成功。

天山泉公司是山东省著名的白酒生产企业,其主导的产品为天山泉特酿系列白酒。2020年4月,山东省工商行政管理局评定天山泉公司注册并使用在白酒商品上的天山泉商标为山东省著名商标;2020年4月29日,中国食品工业协会等三家单位共同授予天山泉公司天山泉特酿产品"中国白酒工业十大区域优势品牌"荣誉称号等。

天山泉公司生产、销售的34度精品天山泉特酿,其包装盒为长方体,四面主色调为上黄下暗红色,上装饰方框横线内印有祥云图案,前、后视图和左、右视图分别相同,前视图中间方框内印有"天山泉"三个字,上部有天山泉图文组合商标,下部暗红色图案中印有天山泉凉亭实景图;左视图上部印有"天山泉特酿"五个字,并以红黄两色区别,下部暗红色图案中印有天山图案。天山泉公司的上述包装装潢自2018年起用于34度精品天山泉特酿。天山泉公司生产、销售的34度天山泉特酿,其包装盒采用两色设计,上部金黄色下为暗褐色,两色在图案下部有交叉,前、后视图和左、右视图分别相同。前视图上部有"中国山东"字样,天山泉图文组合商标位于中国与山东之间,中部为一扇形图案,以暗褐色为背景,"天山泉"三个字以金色凸印于上部,下部有一凉亭图案。天山泉公司的上述包装装潢自2018年起用于52度精品天山泉特酿。

2020年7月28日，天山泉公司分别购得杨某生产的34度精品天特源特酿白酒和52度天特原浆各一瓶。杨某生产销售的34度精品天特源特酿白酒所使用的包装装潢有如下特点：包装盒为长方体，四面主色调为上黄下暗红色，上装饰方框横线内印有祥云图案，前、后视图和左、右视图分别相同，前视图中间菱形方框内印有"精品特酿"四个字，上部有天特源图文组合商标；左视图上部印有"精品特酿"四个字，并以红黄两色区分，下部暗红色图案中印有天山图案。杨某生产销售的52度天特原浆所使用的包装装潢有如下特点：包装盒为长方体，采用两色设计，上部金黄色下部为暗褐色，两色在图案下部有交叉，前、后视图和左、右视图分别相同。前视图上部有"中国山东"字样，天特源图文组合商标位于"中国"与"山东"之间，中部为一扇形图案，以暗褐色为背景，"精品天特"四字金色凸印于上部，下部有一凉亭图案。

法院同时查明，2019年12月28日，天山泉公司就杨某仿冒天山泉公司知名商品特有名称、包装、装潢行为向济南市历城区人民法院提起诉讼，该院作出民事判决，判决杨某停止使用"天特"作为其商品的名称和商标。2020年1月9日，天山泉公司就杨某仿冒其34度精品天山泉特酿包装装潢行为向济南市中级人民法院提起诉讼，因双方当事人案外和解，杨某赔偿天山泉公司经济损失3万元，天山泉公司申请撤诉并被准许。2020年5月11日，天山泉公司就杨某仿冒其34度、52度精品天山泉特酿包装装潢行为向济南市中级人民法院提起诉讼，法院于2020年7月30日作出民事判决，认定杨某的34度精品天特源特酿白酒和52度天特原浆所使用的包装装潢与天山泉公司的上述产品包装装潢近似，构成不正当竞争，遂判令杨某停止上述不正当竞争行为并赔偿天山泉公司经济损失。

接到一审判决，杨某不服，向山东省高级人民法院提出上诉，认为他的34度精品天特源特酿白酒的装潢与天山泉公司的装潢有明显区别，并不近似，并未对天山泉公司构成不正当竞争，同时主张原审法院在没有任何证据支持的情况下判决其赔偿30万元也是错误的。

案例思考题：
(1) 杨某的再次上诉会不会成功？
(2) 你认为高级人民法院该如何审判？

应用案例答案

（案例来源：中国司法案例网，案例经编者加工整理）

模块一 消费者权益保护法

学习要点

1. 熟悉消费者的含义、消费者的权利、经营者的义务、消费者权益保护、经营者的法律责任等内容。

2. 理解消费者保护法的立法价值。
3. 熟悉消费争议解决的途径。

导读案例 （此案例为思政元素）

张女士在某百货商场购买了一件纯羊毛大衣，售价1 280元，商店标明"换季商品，概不退换"，穿了三天后衣服起满毛球，于是到市质量监督检测中心检验。鉴定结果证明该羊毛大衣所用原料为100%腈纶，张女士到购买衣服的百货商场要求退货并赔偿因此而造成的损失，商场营业员回答："当时标明'换季商品，概不退换'，再说店内该柜是出租给个体户的，现在他已破产，租借柜台的费用尚未付清，人也找不到，你只好自己认倒霉。"

案例思考题：

（1）商场（经营者）违反了《中华人民共和国消费者权益保护法》（以下简称《消费者权益保护法》）的哪些内容？

（2）商场对张女士应负哪些责任？

导读案例答案

（案例来源：中国司法网案例库，案例经编者加工整理）

理论知识

一、消费者权益保护法概述

教学视频

（一）消费者

消费者是指为了满足生活消费需要购买、使用商品或者接受服务的个人。国际标准化组织把消费者定义为以个人消费为目的而购买或使用商品和服务的个体社会成员。

（二）消费者消费的法律特征

（1）消费者的消费性质属于生活消费，不包括生产消费；消费的方式包括购买、使用商品和接受服务。

（2）生活消费的客体是商品和服务。

（3）消费者的消费方式包括购买、使用（商品）和接受（服务），既包括自己出钱获得的消费，也包括他人出钱获得的消费。

商品的消费是指购买和使用商品，既包括消费者购买商品用于自身的消费，也包括购买商品供他人使用或使用他人购买的商品。服务的消费，不仅包括自己付费自己接受服务，而且包括他人付费自己接受服务。不论是商品的消费还是服务的消费，只要是有偿获得的商品服务，并用于生活消费，就属于消费者的消费方式。

（4）消费的主体只能是个人，即自然人。法人或其他任何组织、团体均不属于消费者的范畴，不受《消费者权益保护法》保护。

(5) 农民购买、使用直接用于农业生产的生产资料虽不属于生活消费的范围，但《消费者权益保护法》将其作为一种特殊情况列入，也适用该法。

> **案例讨论 4-1**（此案例为思政元素）
>
> 退休工人赵某准备为读大学的儿子买一双真皮旅游鞋。他来到一家百货商店的售鞋柜台前，仔细观看了很久，选中了一双标价为 125 元的高帮白色旅游鞋，然后问服务员这是不是真皮的，此时服务员正忙着与另一位服务员交谈，无暇顾及，要赵某自己看商品标签，赵某不识字，便再向服务员询问，服务员没好气地说："什么真皮不真皮，要买就付钱。"赵某见问不出名堂，便私下猜测这鞋这么贵，应该是真皮的，便付钱买下。回家后，儿子一看便说这鞋不是真皮的，再找几个人看了鞋子，也都说不是真皮的。第二天赵某提着鞋到百货商店去退货。商店服务员也承认这鞋不是真皮的，但认为该鞋明码标价，赵某自己挑选，而且货款两清，不同意退货，双方便吵了起来。值班经理闻讯赶来，问明情况，也认为错在赵某，不同意退货。赵某一气之下告到法院，要求百货商店退货并赔偿往返损失。受诉法院审理后认为商店服务员对赵某的询问不作真实明确的答复，违反了《消费者权益保护法》的有关规定，商店应对此承担民事责任。经调解，百货商店同意退货，并赔偿赵某往返损失 30 元。
>
> 案例思考题：法院的判决符合《消费者权益保护法》的哪些规定？
>
> 案例讨论答案（4-1）
>
> （案例来源：《人民司法》期刊，案例经编者加工整理）

（三）消费者权益保护法的概况

消费者权益保护法是指调整在保护消费者权益过程中发生的经济关系的法律规范的总称。1993 年 10 月 31 日，第八届全国人民代表大会常务委员会第四次会议审议通过的《消费者权益保护法》（2009 年 8 月 27 日第十一届全国人民代表大会常务委员会第十次会议进行了第一次修订、2013 年 10 月 25 日第十二届全国人民代表大会常务委员会第五次会议进行了第二次修订）是一部保护消费者合法权益的专门法律。这部法律对于保护消费者的合法权益，规范经营者的经营行为，维护市场经济秩序，都具有重要意义。

（四）消费者权益保护法的立法原则

经营者与消费者进行交易，应当遵循自愿、平等、公平、诚实、信用的原则。国家保护消费者合法权益不受侵犯。经营者的行为接受社会监督。

二、消费者的权利

消费者的权利作为一种基本人权，是生存权的重要组成部分。这是指消费者在消费过程中，即在购买、使用商品和接受服务过程中依法享有的各项权利。《消费者权益保护法》明确规定了消费者所享有的九项基本权利。

（一）安全保障权

安全保障权是指消费者在购买、使用商品和接受服务时享有的保障人身、财产安全不受损害的权利，这是消费者最基本的权利。消费者依法有权要求经营者提供的商品和服务必须符合保障人身、财产安全的要求。

案例讨论 4-2 （此案例为思政元素）

A公司为奖励业绩突出的员工，于2020年8月16日与B旅行社签订一份旅游合同，组织包括王某在内的A公司业务员于2020年8月17日参加某地一日游活动。2020年8月17日16时许，王某在参加游乐项目排队等候时，由于游客较多，在拥挤推搡的过程中，王某摔倒导致右肩部受伤。经司法鉴定，王某被评定为七级伤残。王某将A公司、B旅行社及旅游景点公司等诉至法院，请求依法判令赔偿其损失。

案例思考题：法院应如何判决？王某所在A公司是否应承担责任？

案例讨论答案（4-2）

（案例来源：中国司法网，案例经编者加工整理）

（二）知悉真情权

知悉真情权是指消费者享有知悉其购买、使用的商品或者接受的服务的真实情况的权利。具体来说，消费者有权根据商品或服务的不同情况，要求经营者提供商品的价格、产地、生产者、用途、性能、规格等级、主要成分、生产日期、有效期限检验合格证明、使用方法说明书、售后服务或者服务的内容、规格、费用等有关情况。

（三）自主选择权

消费者享有自主选择商品或服务的权利。该权利包括以下几个方面：
(1) 自主选择经营者；
(2) 自主选择商品品种、服务方式；
(3) 自主决定是否购买商品或接受服务；
(4) 在选择商品和服务时，有权进行比较鉴别和挑选等。

（四）公平交易权

公平交易权是指消费者在购买商品或者接受服务时享有获得质量保障、价格合理和计量准确等公平交易条件的权利。

（五）依法求偿权

依法求偿权是指消费者因购买、使用商品或者接受服务而受到人身、财产损害时，依法享有获得赔偿的权利。

(六)依法结社权

依法结社权是指消费者享有的依法成立维护自身合法权益的社会团体的权利。从法律上来看，经营者和消费者是平等的，在实践中，消费者可以通过依法结社，比如消费者协会，使自己能够从分散弱小走向集中强大，通过集体的力量来维护自己的弱者地位，从而能够与实力雄厚的经营者相抗衡。

(七)获得知识权

知识权是指消费者享有获得有关消费和消费者权益保护方面知识的权利，其目的是使消费者更好地掌握所需商品或者服务的知识和使用技能，使消费者正确使用商品，提高自我保护意识。

(八)受尊重权

受尊重权是指消费者在购买、使用商品和接受服务时，享有人格尊严、民族风俗习惯得到尊重的权利，不受非法搜查、检查、侮辱、诽谤等。

(九)监督权

监督权是指消费者享有对商品和服务以及保护消费者权益工作进行监督的权利，监督权行使的方式有检举、控告、批评、建议和投诉等。

> **课堂讨论 4-1**
>
> 在日常生活中，《消费者权益保护法》的保护对象是谁？农民在其保护范围内吗？

课堂讨论答案（4-1）

三、对消费者权益的保护

目前，我国消费者权益保护主要包括国家保护和社会保护两种方式。

(一)国家对消费者合法权益的保护

国家在保护消费者合法权益方面担负着主要职责，国家对消费者合法权益的保护是通过各有关国家机关履行职责的活动来实现的。根据《消费者权益保护法》的规定，国家对消费者合法权益的保护主要体现在以下几方面：

1. 立法保护

立法保护是国家充分有效地保护消费者权益的基础和依据，因此，国家应当加强和完善消费者权益保护的立法工作。国家在制定有关消费者权益的法律、法规和政策时，应当充分听取和反映消费者的意见和要求，明确规定消费者的权利和经营者的义务，使消费者权益的保护真正做到有法可依、有章可循。

国家立法对消费者权益的保护，具体体现在对经营者义务的规定上。

1）遵守法律，履行合同

经营者向消费者提供商品或服务，应当依照《消费者权益保护法》和其他有关法律、法规的规定履行义务。经营者和消费者有约定的，应当按照约定履行义务，但双方的约定不得违背法律、法规的规定。经营者向消费者提供商品或者服务，应当恪守社会公德，诚信经营，保障消费者的合法权益；不得设定不公平、不合理的交易条件，不得强制交易。

2）听取意见，接受监督

经营者应当听取消费者对其提供的商品或服务的意见，接受消费者的监督。

3）保障人身和财产安全

经营者应当保证其提供的商品或者服务符合保障人身、财产安全的要求。对可能危及人身、财产安全的商品和服务，应当向消费者作出真实的说明和明确的警示，并说明和标明正确使用商品或者接受服务的方法以及防止危害发生的方法。

4）经营商品或服务存在缺陷的报告与告知

经营者发现其提供的商品或者服务存在缺陷，有危及人身、财产安全危险的，应当立即向有关行政部门报告和告知消费者，并采取停止销售、警示、召回、无害化处理、销毁、停止生产或者服务等措施。采取召回措施的，经营者应当承担消费者因商品被召回支出的必要费用。

5）提供真实全面的信息

经营者向消费者提供有关商品或者服务的质量、性能、用途、有效期限等信息，应当真实、全面，不得作虚假或者引人误解的宣传。经营者对消费者就其提供的商品或者服务的质量和使用方法等问题提出的询问，应当作出真实、明确的答复。经营者提供商品或者服务应当明码标价。

6）标明真实名称与标记

经营者应当标明其真实名称和标记。租赁他人柜台或者场地的经营者，更应当标明其真实名称和标记。

7）出具购物凭证或服务单据

经营者提供商品或者服务，应当按照国家有关规定或者商业惯例向消费者出具发票等购货凭证或者服务单据；消费者索要发票等购货凭证或者服务单据的，经营者必须出具。

8）保证商品或服务的质量

经营者应当保证在正常使用商品或者接受服务的情况下其提供的商品或者服务应当具有的质量、性能、用途和有效期限；但消费者在购买该商品或者接受该服务前已经知道其存在瑕疵，且存在该瑕疵不违反法律强制性规定的除外。经营者以广告、产品说明、实物样品或者其他方式表明商品或者服务的质量状况的，应当保证其提供的商品或者服务的实际质量与表明的质量状况相符。经营者提供的机动车、计算机、电视机、电冰箱、空调器、洗衣机等耐用商品或者装饰装修等服务，消费者自接受商品或者服务之日起 6 个月内发现瑕疵，发生争议的，由经营者承担有关瑕疵的举证责任。

9）履行更换、修理、退货义务且承担运输等必要费用

经营者提供的商品或者服务不符合质量要求的，消费者可以依照国家规定、当事人约定退货，或者要求经营者履行更换、修理等义务。没有国家规定和当事人约定的，消费者可以自收到商品之日起 7 日内退货；7 日后符合法定解除合同条件的，消费者可以及时退货，不符合法定解除合同条件的，可以要求经营者履行更换、修理等义务。消费者依上述规定进行

退货、更换、修理的，经营者应当承担运输等必要费用。

10）采用网络、电视、电话、邮购等方式销售商品时须承担退货义务

经营者采用网络、电视、电话、邮购等方式销售商品，消费者有权自收到商品之日起7日内退货，且无须说明理由，但下列商品除外：①消费者定做的；②鲜活易腐的；③在线下载或者消费者拆封的音像制品、计算机软件等数字化商品；④交付的报纸期刊。其他根据商品性质并经消费者在购买时确认不宜退货的商品，不适用无理由退货。

消费者退货的商品应当完好。经营者应当自收到退回商品之日起7日内返还消费者支付的商品价款。退回商品的运费由消费者承担；经营者和消费者另有约定的，按照约定。

11）不得以格式合同等方式作出对消费者不公平、不合理的规定

经营者在经营活动中使用格式条款的，应当以显著方式提请消费者注意商品或者服务的数量和质量、价款或者费用、履行期限和方式、安全注意事项和风险警示、售后服务、民事责任等与消费者有重大利害关系的内容，并按照消费者的要求予以说明。经营者不得以格式条款、通知、声明、店堂告示等方式，作出排除或者限制消费者权利、减轻或者免除经营者责任、加重消费者责任等对消费者不公平、不合理的规定，不得利用格式条款并借助技术手段强制交易。格式条款、通知、声明、店堂告示等含有上述所列内容的，其内容无效。

12）不得侵犯消费者的人身权

经营者不得对消费者进行侮辱、诽谤，不得搜查消费者的身体及其携带的物品，不得侵犯消费者的人身自由。

13）提供相关经营信息

采用网络、电视、电话、邮购等方式提供商品或者服务的经营者，以及提供证券、保险、银行等金融服务的经营者，应当向消费者提供经营地址、联系方式、商品或者服务的数量和质量、价款或者费用、履行期限和方式、安全注意事项和风险警示、售后服务、民事责任等信息。

14）合法收集、使用消费者个人信息并对其严格保密

经营者收集、使用消费者个人信息，应当遵循合法、正当、必要的原则，明示收集、使用信息的目的、方式和范围，并经消费者同意。经营者收集、使用消费者个人信息，应当公开其收集、使用规则，不得违反法律、法规的规定和双方的约定收集、使用信息。经营者及其工作人员对收集的消费者个人信息必须严格保密，不得泄露、出售或者非法向他人提供。经营者应当采取技术措施和其他必要措施，确保信息安全，防止消费者个人信息泄露、丢失。在发生或者可能发生信息泄露、丢失的情况时，应当立即采取补救措施。经营者未经消费者同意或者请求，或者消费者明确表示拒绝的，不得向其发送商业性信息。

2. 行政保护

政府应当加强领导，组织、管理、协调、督促有关行政部门做好保护消费者合法权益的工作。各级人民政府应当加强监督，预防危害消费者人身、财产安全行为的发生，及时制止危害消费者人身、财产安全的行为。

政府市场监督管理部门和其他有关行政部门应当依照法律、法规的规定，在各自的职责范围内，采取措施，保护消费者的合法权益。其他相关行政部门的监督，包括技术监督部门对产品质量的监督，计量部门对计量工作的监督，卫生监督部门对食品卫生、药品的生产经营实施监督，物价管理部门对物价的监督，进出口商品检验部门对商品的质量、规格、重量

和包装的监督。此外,有关行政部门应当听取消费者及其社会团体对经营者的交易行为、商品和服务质量问题的意见,及时调查处理。

3. 司法保护

司法机关应当利用司法手段保护消费者权益。各级人民法院应当采取措施,方便消费者起诉。对符合起诉条件的消费者权益争议,必须受理并及时审理。对违法犯罪行为有惩处权力的有关国家机关,应当依照法律、法规的规定,惩处经营者在提供商品和服务中侵害消费者权益的违法犯罪行为,切实有效地保护消费者权益。

(二) 社会对消费者权益的保护

在保护消费者的合法权益方面,国家鼓励、支持一切组织和个人对损害消费者合法权益的行为进行社会监督。在消费者权益保护方面,国家对消费者权益的保护在手段、方式、程度等方面都存在一定的局限性,仅仅依靠国家对消费者权益进行保护是不够的,而社会监督可以有效地弥补国家干预的不足。保护消费者的合法权益是全社会的共同责任,一切组织和个人都可以对损害消费者权益的行为进行社会监督。

1. 大众传媒

媒体应当做好消费者权益的宣传工作,对损害消费者权益的行为进行有效的舆论监督。要充分发挥广播、电视、报刊等大众传媒的作用,积极宣传《消费者权益保护法》,对侵犯消费者权益的行为予以揭露、批评,营造良好的保护消费者权益的社会氛围。

2. 消费者协会

一些消费者组织应当充分发挥对商品和服务进行社会监督的职能,以切实保护消费者的自身权益。如消费者协会和其他消费者组织是依法成立的对商品和服务进行社会监督的保护消费者权益的社会团体。特别是消费者协会,在保护消费者权益方面发挥着至关重要的作用。为了更好地保护消费者权益,法律规定消费者组织不得从事商品经营和营利性服务,不得以牟利为目的向社会推荐商品和服务。

法律规定我国消费者协会具有以下职责:

(1) 向消费者提供消费信息和咨询信息;
(2) 参与有关行政部门对商品和服务的监督、检查;
(3) 就有关消费者权益的问题,向有关行政部门反映、查询,提出建议;
(4) 受理消费者的投诉,并对投诉事项进行调查、调解;
(5) 投诉事项涉及商品和服务质量问题的,可以提请鉴定部门鉴定,鉴定部门应当告知其鉴定结论;
(6) 对于消费纠纷数额较小的事件,相当多的消费者衡量维权成本后,出于各种原因不愿意维权的,该法明确了消费者协会的诉讼主体地位,对于群体性消费事件,消费者可以请求消费者协会提起公益诉讼;
(7) 对损害消费者权益的行为,通过大众传播媒介予以揭露、批评。

四、消费争议的解决

消费者和经营者的立场不同,存在各种矛盾和冲突,及时、有效、合理地解决消费争议，直接关系到消费者的切身利益，是保护消费者合法权益的关键所在，对于维护和发展正常的经济秩序具有十分重要的意义。为此，《消费者权益保护法》提供了以下几种解决消费者和经营者之间争议的方法：

（一）协商解决

协商解决是指争议发生后，经营者和消费者双方在没有第三人实质参与的情况下，本着平等、自愿、互利的原则，就争议问题相互交换意见，达成和解协议，使纠纷得以解决。这是发生消费争议时应当首先采用的一种方式，也是一种最快速、最方便的解决方法。

（二）协会调解

这是指在协商不成的情况下，消费者可向消费者协会反映情况，由消费者协会作为第三人出面主持消费争议的调解。消费者协会应在查明事实、分清是非、明确责任的基础上，引导双方协商，促成争议尽快解决。但是，消费者协会不得强制争议各方进行调解，调解必须在各方自愿的基础上依法进行。值得注意的是，由于消费者协会调解达成的协议不具有强制执行的效力，任何一方反悔，都应当通过其他途径解决。

（三）行政申诉

当经营者和消费者就消费争议不能通过和解方式解决时，就可以根据商品和服务的性质直接向有关行政部门提出申诉。有关行政部门主要指工商、物价、技术监督、卫生、商检等机关，这些应当依法在各自的职责范围内保护消费者权益。具体来说，有关行政机关对受理的消费争议，应及时审查，获取证据，分清责任，可在自愿、合法的前提下，组织双方调解，达成协议。如发现经营者违反法律、行政法规，应承担行政责任时，可依法对其予以行政处罚；发现有犯罪嫌疑的，应移交司法机关处理。

（四）申请仲裁

仲裁是指双方当事人在争议发生之前或者争议发生之后达成协议，自愿将争议交由第三方作出裁决，以解决争议的法律制度。消费者与经营者产生消费争议后，如果双方协商和解不成，消费者可以根据事前或事后与经营者达成的仲裁协议向仲裁机关申请仲裁。

（五）向法院提起诉讼

这一方式是解决消费争议最具权威性的方式。消费争议发生后当事人在没有仲裁协议的情况下，可以向有管辖权的人民法院提起诉讼，人民法院根据民事诉讼法的规定，应及时立案审理，从尽量方便消费者的原则出发，使纠纷得以及时解决。

五、经营者承担的法律责任

经营者提供商品或者服务有下列情形之一的，除《消费者权益保护法》另有规定外，应当依照其他有关法律、法规的规定，承担民事责任：

（1）商品或者服务存在缺陷的；

（2）不具备商品应当具备的使用性能而出售时未作说明的；
（3）不符合在商品或者其包装上注明采用的商品标准的；
（4）不符合商品说明、实物样品等方式表明的质量状况的；
（5）生产国家明令淘汰的商品或者销售失效、变质的商品的；
（6）销售的商品数量不足的；
（7）服务的内容和费用违反约定的；
（8）对消费者提出的修理、重作、更换、退货、补足商品数量、退还货款和服务费用或者赔偿损失的要求，故意拖延或者无理拒绝的；
（9）法律、法规规定的其他损害消费者权益的情形。

经营者对消费者未尽到安全保障义务，造成消费者损害的，应当承担侵权责任。

经营者提供商品或者服务，造成消费者或者其他受害人人身伤害的，应当赔偿医疗费、护理费、交通费等为治疗和康复支出的合理费用，以及因误工减少的收入。造成残疾的，还应当赔偿残疾生活辅助具费和残疾赔偿金。造成死亡的，还应当赔偿丧葬费和死亡赔偿金。

经营者侵害消费者的人格尊严、侵犯消费者人身自由或者侵害消费者个人信息依法得到保护的权利的，应当停止侵害、恢复名誉、消除影响、赔礼道歉，并赔偿损失。

经营者有侮辱诽谤、搜查身体、侵犯人身自由等侵害消费者或者其他受害人人身权益的行为，造成严重精神损害的，受害人可以要求精神损害赔偿。

经营者提供商品或者服务，造成消费者财产损害的，应当依照法律规定或者当事人约定承担修理、重作、更换、退货、补足商品数量、退还货款和服务费用或者赔偿损失等民事责任。

经营者以预收款方式提供商品或者服务的，应当按照约定提供。未按照约定提供的，应当按照消费者的要求履行约定或者退回预付款；并应当承担预付款的利息、消费者必须支付的其他合理费用。

依法经有关行政部门认定为不合格的商品，消费者要求退货的，经营者应当负责退货。

经营者提供商品或者服务有欺诈行为的，应当按照消费者的要求增加赔偿其受到的损失，增加赔偿的金额为消费者购买商品的价款或者接受服务的费用的3倍；增加赔偿的金额不足500元的，为500元。法律另有规定的，依照其规定。

经营者明知商品或者服务存在缺陷，仍然向消费者提供，造成消费者或者其他受害人死亡或者健康严重损害的，受害人有权要求经营者依照《消费者权益保护法》第49条、第51条等法律规定赔偿损失，并有权要求所受损失2倍以下的惩罚性赔偿。

经营者有下列情形之一的，除承担相应的民事责任外，其他有关法律、法规对处罚机关和处罚方式有规定的，依照法律、法规的规定执行；法律、法规未作规定的，由工商行政管理部门或者其他有关行政部门责令改正，可以根据情节单处或者并处警告、没收违法所得、处以违法所得1倍以上10倍以下的罚款，没有违法所得的，处以50万元以下的罚款；情节严重的，责令停业整顿、吊销营业执照：

（1）提供的商品或者服务不符合保障人身、财产安全要求的；
（2）在商品中掺杂、掺假，以假充真，以次充好，或者以不合格商品冒充合格商品的；
（3）生产国家明令淘汰的商品或者销售失效、变质的商品的；
（4）伪造商品的产地，伪造或者冒用他人的厂名、厂址，篡改生产日期，伪造或者冒用认证标志等质量标志的；

（5）销售的商品应当检验、检疫而未检验、检疫或者伪造检验、检疫结果的；

（6）对商品或者服务作虚假或者引人误解的宣传的；

（7）拒绝或者拖延有关行政部门责令对缺陷商品或者服务采取停止销售、警示、召回、无害化处理、销毁、停止生产或者服务等措施的；

（8）对消费者提出的修理、重作、更换、退货、补足商品数量、退还货款和服务费用或者赔偿损失的要求，故意拖延或者无理拒绝的；

（9）侵害消费者人格尊严、侵犯消费者人身自由或者侵害消费者个人信息依法得到保护的权利的；

（10）法律、法规规定的对损害消费者权益应当予以处罚的其他情形。

经营者有前款规定情形的，除依照法律、法规规定予以处罚外，处罚机关应当记入信用档案，向社会公布。

经营者违反《消费者权益保护法》的规定提供商品或者服务，侵害消费者合法权益，构成犯罪的，依法追究刑事责任。

经营者违反《消费者权益保护法》的规定，应当承担民事赔偿责任和缴纳罚款、罚金，其财产不足以同时支付的，先承担民事赔偿责任。

经营者对行政处罚决定不服的，可以依法申请行政复议或者提起行政诉讼。

以暴力、威胁等方法阻碍有关行政部门工作人员依法执行职务的，依法追究刑事责任；拒绝、阻碍有关行政部门工作人员依法执行职务，未使用暴力、威胁方法的，由公安机关依照《中华人民共和国治安管理处罚法》的规定处罚。

国家机关工作人员有玩忽职守或者包庇经营者侵害消费者合法权益的行为的，由其所在单位或者上级机关给予行政处分；情节严重，构成犯罪的，依法追究刑事责任。

案例讨论4-3（此案例为思政元素）

赵某通过某网站购买了一款由某品牌礼品专营店销售的24K金戒指2枚，金额共计285元。该网站页面载明：商品由某礼品专营店从广东省深圳市发货，并提供售后服务，戒指表面采用纯度99.9%的金箔制作，非镀金，假一赔百，戒指附带有专业检测机构的鉴定报告，包装盒上有防伪标签。后经珠宝鉴定中心鉴定，上述商品"不含金属成分"，鉴定结果为"塑料"。据此，赵某起诉该网站，认为该网站销售上述商品的行为构成欺诈，且该网站作为网络交易平台提供者，作出了更有利于消费者的承诺，要求该网站退还货款并按照网站承诺给予百倍赔偿。

案例思考题：该网站是否应承担赔偿责任？

案例讨论答案（4-3）

（案例来源：中国司法网，案例经编者加工整理）

模块一补充案例

模块二　仲裁与诉讼

学习要点

1. 了解仲裁、仲裁法的概念和原则、仲裁的机构。
2. 熟悉仲裁协议的类型、效力。
3. 熟悉诉讼的概念及特征、诉讼管辖。
4. 掌握诉讼程序。

导读案例

A森林有限公司（以下简称A森林公司）与被告B建工集团责任有限公司C分公司（以下简称C分公司）、B建工集团责任有限公司D分公司（以下简称D分公司）、B建工集团责任有限公司2019年3月12日签订《E预拌商品购销合同》，之后被告D分公司购买A森林公司混凝土共计16 785.5立方米，总价金额5 075 982.99元。后D分公司只支付了2 232 572元，剩余2 845 410.99元未支付。杜律师接受A森林公司经理夏某委托，经详细调查，仔细分析研究，杜律师向法院提起诉讼，为A森林公司挽回百万元损失。

庭审中：原告代理律师出具了双方来往邮件、录音、材料鉴证单、对账单等证据。三被告D分公司、C分公司、B建工集团责任有限公司对上述证据均无异议。

案例思考题：A森林公司能否拿回剩下的钱款？

导读案例答案

（案例来源：中国司法网，案例经编者加工整理）

理论知识

一、仲裁

（一）仲裁的含义

仲裁，又称公断，是指当事人根据合同中订立的条款或事后达成的协议，将他们之间已经发生的或将来可能发生的争议提交某一机构进行公断，双方当事人受该机构裁决的约束。仲裁已经成为国际上通行的解决争议的重要方式。

（二）经济仲裁的原则

1. 自愿仲裁原则

自愿仲裁原则主要指经济合同仲裁不是经济审判的必经程序，当事人是申请仲裁还是向人民法院起诉，由当事人选择。

2. 分级管理、一次裁决原则

经济合同仲裁分为县级、地市级、省、区级和国家工商行政管理局内设的仲裁委员会四级。仲裁机关在其职权范围内处理经济合同纠纷案件，实行一次裁决制度，即仲裁机关一次裁决即是终局裁决，不允许当事人申请上级仲裁机关进行二级仲裁，如果当事人不服裁决，可在接到仲裁裁决的次日起15日内向有管辖权的人民法院起诉。

3. 着重调解原则

仲裁机关在处理案件时，应当先行调解。调解是经济合同仲裁的必经程序，是我国仲裁制度的一个特点。仲裁机关受理案件后，在查清事实的前提下，首先要促使双方当事人经过协商达成和解协议；调解不成时，由仲裁机关及时作出裁决。

4. 依法回避原则

仲裁庭认为案件不适宜或当事人发现某仲裁成员有可能影响公正仲裁时，某仲裁成员应退出对该案的仲裁。

5. 以事实为根据、以法律为准绳的原则

仲裁机关处理经济合同纠纷案件，不论以调解方式还是以仲裁裁决方式解决，都必须全面客观地进行调查研究，查清事实，根据国家法律、法规和政策的规定公正处理。

（三）仲裁机构

《中华人民共和国仲裁法》（以下简称《仲裁法》）规定的仲裁机构是仲裁委员会。仲裁委员会是指依法设立，依据仲裁协议行使一定范围内的民商事纠纷仲裁权的机构。

仲裁委员会可以在直辖市和省、自治区人民政府所在地的市设立，也可以根据需要在其他设区的市设立，不按行政区划层设立。仲裁委员会由可以设立仲裁委员会的市人民政府组织有关部门和商会统一组建。

仲裁委员会的组成人员包括主任1人、副主任2~4人和委员7~11人。具体仲裁案件的审理并不直接由仲裁委员会承担，而是由仲裁委员会中的仲裁员组成仲裁庭来进行审理。仲裁庭是对某一争议案件进行具体审理的组织，但不是常设机构。

如果当事人约定由3名仲裁员组成仲裁庭的，应各自选定1名仲裁员或各自委托仲裁委员会主任指定1名仲裁员，第3名仲裁员由当事人共同选定或共同委托仲裁委员会主任指定，该名仲裁员就是首席仲裁员。如果双方当事人约定由1名仲裁员组成仲裁庭的，应当由当事人共同选定或共同委托仲裁委员会主任指定仲裁员。

（四）仲裁协议的概念

仲裁协议是指双方当事人之间达成的将他们之间已经发生或将来可能发生的实体权利义务争议提交仲裁机构仲裁的意思表示。

(五) 仲裁协议的形式

(1) 仲裁条款。各方当事人于所签的合同中，在自愿的基础上将有关合同的争议提交仲裁的条款。

(2) 仲裁协议书。双方当事人自愿达成的同意将争议提交仲裁的书面协定。

(3) 其他文件中包含的仲裁协议。

> **课堂讨论4-2**
>
> 在日常生活中，人们解决经济纠纷的途径有哪些？

课堂讨论答案（4-2）

(六) 仲裁的受理范围

根据《仲裁法》的规定，只有发生在平等主体的公民、法人和其他组织之间的合同纠纷和其他财产权益纠纷，才可以由仲裁机构进行仲裁，即属于仲裁委员会的受理范围。

当事人申请仲裁应符合以下条件：①有仲裁协议；②有具体的仲裁请求和事实、理由；③属于仲裁委员会受理范围。

除此以外，均不属于仲裁委员会的仲裁范围。

(1) 婚姻、收养、监护、抚养、继承争议的处理不适用仲裁。

(2) 依法应当由行政机关处理的行政争议不适用仲裁。

(七) 仲裁协议的效力

下列仲裁协议无效：

(1) 口头形式的仲裁协议无效；

(2) 约定的仲裁事项超出法律规定的仲裁范围的仲裁协议无效；

(3) 无民事行为能力人或限制民事行为能力人订立的仲裁协议无效；

(4) 一方采取胁迫手段，迫使对方订立仲裁协议的，仲裁协议无效；

(5) 仲裁协议对仲裁事项或仲裁委员会没有约定或约定不明确的，当事人可以补充协议，达不成补充协议的，仲裁协议无效。

因为仲裁协议具有相对独立性，合同的变更、解除、终止或无效，不影响仲裁协议的效力。当事人对仲裁协议的效力有异议的，可以请求仲裁委员会作出决定或请求人民法院作出裁定。一方请求仲裁委员会作出决定，另一方请求人民法院作出裁定的，由人民法院裁定。当事人对仲裁协议的效力有异议，应当在仲裁庭首次开庭前提出。

(八) 仲裁的程序

1. 申请与受理

仲裁程序由当事人申请仲裁开始，提出申请是仲裁程序开始的必要条件。仲裁委员会在收到仲裁申请书5日内作出受理与否的决定,并通知当事人。

2. 仲裁庭的组成

仲裁庭是指由当事人选定或由仲裁委员会主任指定的仲裁员组成的,对当事人申请仲裁的案件按照仲裁程序进行审理并作出裁决的组织形式。仲裁庭有以下两种形式:

(1) 合议仲裁庭。双方当事人各自在仲裁机构的仲裁员名册中指定或委托仲裁机构指定1名仲裁员,第3名仲裁员由双方共同指定或共同委托仲裁机构指定。首席仲裁员由第3名仲裁员担任,与另外2名仲裁员组成仲裁庭共同审理案件。如果申请人和被申请人未在规定的期限内指定仲裁员,则由仲裁机构指定。

(2) 独任仲裁庭。如果是独任仲裁员,则由双方当事人在仲裁员名册中共同指定或委托仲裁机构指定1名仲裁员为独任仲裁员,单独审理。

仲裁庭组成后,仲裁委员会应当将仲裁庭的组成形式和组成人员等情况书面通知当事人。

仲裁员具有法定的可能影响案件公正裁决的情况的,应依法回避。仲裁员有下列情形之一的,必须回避:①是本案当事人或当事人、代理人的近亲属;②与本案有利害关系;③与本案当事人、代理人有其他关系,可能影响公正仲裁;④私自会见当事人、代理人,或者接受当事人、代理人的请客送礼。

3. 仲裁审理与裁决

仲裁审理过程包括开庭、收集证据和调查事实、调解、采取保全措施及作出裁决等步骤。仲裁裁决应当在规定的期限内作出。作出仲裁裁决书的日期,即为仲裁裁决生效的日期,当事人应当依据仲裁裁决书自动履行。

4. 仲裁裁决的执行

执行是指仲裁裁决生效后,负有义务的一方未履行其义务,人民法院根据另一方的申请依法定程序强制当事人履行义务,从而使裁决的内容得以实现的行为。

二、诉讼

(一) 诉讼的概念

本书中的诉讼皆指经济诉讼,是指人民法院在当事人和其他诉讼参与人的参加下,依法审理经济纠纷并作出裁判的诉讼活动。

(二) 诉讼的特征

1. 强制性

只要经济纠纷的一方向有管辖权的人民法院起诉,符合法律规定的受理条件的,法院应当受理,并通知对方当事人应诉;另一方无正当理由不出庭应诉的,人民法院可以依法缺席判决。对经济诉讼的结果,即在法院主持下双方达成的调解协议或人民法院的判决一旦生效,就具有强制执行的效力。

2. 最终性

一方当事人依法向人民法院起诉后，另一方当事人就无权再向其他部门要求解决；在法院主持下双方达成的调解协议或人民法院的判决一旦生效，经济纠纷便告终结。

3. 规范性

经济诉讼程序具有严格的规范性。经济活动一旦发生纠纷，并且需要通过经济诉讼解决时，必须严格按照法定程序（前后相互衔接的步骤、方式、顺序、时限）进行。

（三）诉讼管辖

诉讼管辖是指法院内部对案件处理权限的划分，可分为级别管辖、地域管辖、移送管辖和指定管辖。

1. 级别管辖

（1）基层人民法院管辖由其上级法院管辖以外的所有第一审经济纠纷案件；

（2）中级人民法院管辖重大涉外案件、在本辖区有重大影响的案件、最高人民法院确定由中级人民法院管辖的案件；

（3）高级人民法院管辖在本辖区有重大影响的第一审经济纠纷案件；

（4）最高人民法院管辖在全国有重大影响的案件和最高人民法院认为应当由其审理的第一审经济纠纷案件。

2. 地域管辖

地域管辖是指按照人民法院的辖区和经济案件的隶属关系，划分同级人民法院受理第一审经济案件的分工和权限。

1）一般地域管辖

一般地域管辖也称普通管辖，是指按当事人的所在地为标准来确定案件管辖。一般采用原告就被告的原则，也通用被告就原告的原则。

（1）原告就被告的原则。对公民提起的民事诉讼，由被告住所地人民法院管辖；被告住所地与经常居住地不一致的，由经常居住地人民法院管辖；对法人或其他组织提起的经济诉讼，由被告住所地人民法院管辖。同一诉讼的几个被告住所地、经常居住地在两个以上人民法院辖区的，各人民法院都有管辖权。

（2）被告就原告的原则。下列民事诉讼，由原告住所地人民法院管辖，原告住所地和经常居住地不一致的，由原告经常居住地人民法院管辖：对不在中华人民共和国领域内居住的人提起有关身份关系的诉讼；对下落不明或宣告失踪的人提起有关身份关系的诉讼；对被采取强制性教育措施的人提起的诉讼；对被监禁的人提起的诉讼。

2）特殊地域管辖

特殊地域管辖也称特殊管辖，是指以诉讼标的所在地或引起法律关系发生、变更、消灭的法律事实的所在地为标准确定案件管辖法院。

（1）因合同纠纷提起的诉讼，由被告住所地或合同履行地人民法院管辖。合同或者其他财产权益纠纷的当事人可以书面协议选择被告住所地、合同履行地、合同签订地、原告住所地、标的物所在地等与争议有实际联系的地点的人民法院管辖，但不得违反法律对级别管辖和专属管辖的规定。

（2）因保险合同纠纷提起的诉讼，由被告住所地或保险标的物所在地人民法院管辖。

（3）因票据纠纷提起的诉讼，由票据支付地或被告住所地人民法院管辖。

（4）因公司设立、确认股东资格、分配利润、解散等纠纷提起的诉讼，由公司住所地人民法院管辖。

（5）因公路、水上、航空运输和联合运输合同纠纷提起的诉讼，由运输始发地、目的地或被告住所地人民法院管辖。

（6）因侵权行为提起的诉讼，由侵权行为地或被告住所地人民法院管辖。

（7）因铁路、公路、水上和航空事故请求损害赔偿提起的诉讼，由事故发生地或车辆、船舶最先到达地、航空器最先降落地或被告住所地人民法院管辖。

（8）因船舶碰撞或其他海事损害事故请求损害赔偿提起的诉讼，由碰撞发生地、碰撞船舶最先到达地、加害船舶被扣留地或被告住所地人民法院管辖。

（9）因海难救助费用提起的诉讼，由救助地或被救助船舶最先到达地人民法院管辖。

（10）因共同海损提起的诉讼，由船舶最先到达地、共同海损理算地或航程终止地的人民法院管辖。

3）专属管辖

专属管辖是特殊管辖的一种，是以诉讼标的所在地为标准，确定案件管辖法院。下列案件由本条规定的人民法院专属管辖：

（1）因不动产纠纷提起的诉讼，由不动产所在地人民法院管辖；

（2）因港口作业中发生纠纷提起的诉讼，由港口所在地人民法院管辖；

（3）因继承遗产纠纷提起的诉讼，由被继承人死亡时住所地或主要遗产所在地人民法院管辖。

3. 移送管辖

移送管辖是指人民法院受理某一案件后，发现自己对此案无管辖权，便移送给有管辖权的人民法院受理；或者在特定情况下，下级人民法院将自己有管辖权的案件，报请上级人民法院审理；或者上级人民法院将自己有管辖权的案件，交给下级人民法院管辖。

4. 指定管辖

有管辖权的人民法院由于特殊原因，不能行使管辖权的，由上级人民法院指定管辖。人民法院之间因管辖权发生争议，由争议双方协商解决；协商解决不了的，报请它们的共同上级人民法院指定管辖。

（四）诉讼程序

诉讼程序是指人民法院依照法律的规定对经济纠纷案件进行审理的步骤和过程。人民法院审判经济案件，实行两审终身制，即当事人对地方各级人民法院第一案件的判决和裁定不服的，可以按照法定程序向上一级人民法院提起上诉；上一级人民法院以第二审程序作出的判决、裁定为终审的判决、裁定。

1. 第一审普通程序

普通程序是人民法院审理第一审经济案件通常适用的程序。它在整个经济诉讼中是最完备的一种程序，也是第二审程序、审判监督程序和执行程序的基础。适用这一程序审理案件，应在6个月内审结，有特殊情况需要延长的，由本院院长批准，可以延长6个月；还需要延长的，报请上级人民法院批准。其阶段包括起诉、受理、审理前的准备、开庭审理。

起诉是指公民、法人或其他组织向人民法院提起诉讼，请求人民法院解决纠纷的一种诉讼行为。

受理是人民法院通过对起诉的审查，对认为起诉符合法定条件的案件予以立案并进行审理的诉讼行为。人民法院经审查，认为符合条件的，应当在7日内立案，并通知当事人；认为不符合条件的，应在7日内裁定不予受理，并通知原告，说明原因和理由；原告对裁定不服的，可以提起上诉。

审理前的准备是第一审普通程序中开庭审理前的必经阶段。人民法院应当在立案之日起5日内将起诉状副本发送给被告，告知被告在收到之日起15日内提出答辩状。人民法院在收到答辩状之日起5日内将答辩状副本发送给原告。被告不提出答辩状的，不影响人民法院的开庭审理。

开庭审理是指在审判人员和当事人及其他诉讼参与人的参与下，在法庭上对案件进行审理的诉讼活动。

2. 第一审简易程序

简易程序是普通程序的简化，只有基层人民法院及其派出法庭审理事实清楚、权利义务关系明确、争议不大的简单的经济纠纷案件，才适用简易程序。基层人民法院和它派出的法庭审理前款规定以外的民事案件，当事人双方也可以约定适用简易程序。审理期限时间较短，应当在立案之日起3个月内审结。

3. 第二审程序

第二审程序又称上诉程序，是指当事人因不服一审人民法院未发生法律效力的裁判而提起上诉，上一级人民法院对案件依法重新审理和裁判的审判程序。

对一审判决不服，上诉期限为15日；对一审裁定不服，上诉期限为10日，均从接到判决书或裁定书的次日起计算。

第二审人民法院应当对上诉请求的有关事实和适用法律进行审查。

第二审人民法院的判决、裁定，是终审的判决、裁定。人民法院审理对判决的上诉案件，应当在第二审立案之日起3个月内审结。有特殊情况需要延长的，由本院院长批准。

人民法院审理对裁定的上诉案件，应当在第二审立案之日起30日内作出终审裁定。

4. 特别程序

适用特别程序的案件包括选民资格案件、宣告失踪或宣告死亡案件、认定公民无民事行为能力或限制民事行为能力案件、认定财产无主案件、确认调解协议案件和实现担保物权案件。

5. 执行程序

执行程序是指人民法院根据一方当事人或者依职权采取法定措施，强制不履行义务的一方对发生法律效力的法律文书确定的给付内容，履行义务的程序。

申请执行的期间为2年,从法律文书规定履行期间的最后一日起计算;法律文书规定分期履行的,从规定的每次履行期间的最后一日起计算;法律文书未规定履行期间的,从法律文书生效之日起计算。

案例讨论4-4 （此案例为思政元素）

某实业公司与某商场签订了一份合同,合同中约定双方如因合同发生纠纷,由市仲裁委员会仲裁解决。后该合同被人民法院确认为无效合同,某实业公司请求仲裁委员会裁决某商场赔偿其损失。而某商场则认为整个合同无效,因此该仲裁协议也无效,拒不赔偿。

案例思考题：某商场的理由是否合法？

案例讨论答案（4-4）

（案例来源：中国司法网,案例经编者加工整理）

模块二补充案例

模块三　反不正当竞争法

学习要点

1. 了解不正当竞争行为的种类；熟悉反不正当竞争法的基本内容、不正当竞争行为的监督检查、不正当竞争行为的法律责任。

2. 掌握各类不正当竞争行为。

导读案例 （此案例为思政元素）

深圳正飞大楼股份有限公司（以下简称深圳公司）和永兴百货公司（以下简称永兴公司）作为竞争对手,具有共同的经营范围。2019年3月7日,为了吸引消费者,争夺市场,永兴公司决定以有奖销售的方式促销。其有奖销售方式一推出,就吸引了大批消费者,其中还包括一部分原本属于深圳公司的消费者。作为应对措施,深圳公司董事长肖某于2019年3月24日召开紧急董事会,并决定开展有奖销售活动,具体办法及奖项如下：凡1日内在本公司购物满80元者,皆可获赠奖券1张,本次有奖销售设特等奖1名,奖价值49 000元小汽车1辆,一等奖3名,奖价值5 000元彩电1台,二等奖10名,奖价值3 000元洗衣机1台,另外还有三、四、五、六等奖。与此同时,深圳公司还展开了强大的宣传攻势，深圳公司在对外广播中宣称：本公司所设奖项皆由消费者公平竞争，而不像本市有的公司，虽然设奖，但公司内部职工知道一、二等奖的设置，实际上一、二等奖已由公司自己人摸去，如此欺骗、坑害消费者的行为实该谴责，务请广大消费者今后不要上当。许多消费者据此认定广播中所称的公司为永兴公司。永兴公司遂以深圳公司为被告向人民法院提起诉讼。法院经调查后确认，在深圳公司进行有奖销售之前，只有永兴公司一家进行过有奖销售，且两公司相距甚近，更易使消费者相信"欺骗、坑害消费者"的公司为永兴公司，永兴公司的一、二等奖是普通消费者所中。深圳公司的虚假宣传已使永兴公司的商业信誉受到了影响。人民法院在审理此案的过程中，又有消费者反映深圳公司的自行车不能骑，有严重质量问题，且特等奖被公司职工赵某买下的4张奖券所中。法院判令深圳公司立即停止侵权行为，赔偿原告经济损失5万元，诉讼费用862元由被告承担，并将有奖销售的其他问题交由市工商局处理。市工商局经调查发现，公司职工赵某实为代公司买下了一等奖，而公司所设四等奖中的自行车实为伪劣产品，严重损害了消费者的利益。市工商局责令深圳公司立即停止进行有奖销售，并罚款3万元。

案例思考题：

(1) 在本案例中，深圳公司和永兴公司是否有违反《中华人民共和国反不正当竞争法》(以下简称《反不正当竞争法》) 的行为？

(2) 深圳公司有哪些违法行为？

导读案例答案

（案例来源：中国司法网，案例经编者加工整理）

理论知识

一、反不正当竞争法概述

（一）不正当竞争的概念

不正当竞争，是指经营者违反法律规定，损害消费者或其他经营者的合法权益，扰乱社会经济秩序的行为。

（二）市场竞争行为的规定

经营者在生产经营活动中，应当遵循自愿、平等、公平、诚信的原则，遵守法律和商业道德。各级人民政府应当采取措施，制止不正当竞争行为，为公平竞争创造良好的环境和条件。国务院建立反不正当竞争工作协调机制，研究决定反不正当竞争重大政策，协调处理维护市场竞争秩序的重大问题。

（三）不正当竞争的监督检查部门

县级以上人民政府市场监督管理部门是对不正当竞争行为进行监督检查的专门部门。国家鼓励、支持和保护一切组织和个人对不正当竞争行为进行社会监督。

（四）立法目的及发展

反不正当竞争法是为了保障社会主义市场经济健康发展，鼓励和保护公平竞争，制止不正当竞争行为，保护经营者和消费者的合法权益而制定的。

1993年9月2日第八届全国人民代表大会常务委员会第三次会议通过《反不正当竞争法》，自1993年12月1日起施行。

2017年11月4日第十二届全国人民代表大会常务委员会第三十次会议修订的《反不正当竞争法》，自2018年1月1日起施行。

最新《反不正当竞争法》包括总则、不正当竞争行为、监督检查、法律责任、附则共5章33条。

二、不正当竞争行为的种类

不正当竞争行为是指经营者违反《反不正当竞争法》的规定，损害其他经营者的合法权益，扰乱社会经济秩序的行为。《反不正当竞争法》明确规定了以下7种不正当竞争行为的内容：

（一）混淆行为

混淆行为是指经营者在市场经营活动中，以种种不实手法对自己的商品或服务做虚假表示、说明或承诺，或不当利用他人的智力劳动成果推销自己的商品或服务，使用户或者消费者产生误解，扰乱市场秩序、损害同业竞争者的利益或者消费者利益的行为。经营者不得实施下列混淆行为：

（1）擅自使用与他人有一定影响的商品名称、包装、装潢等相同或者近似的标识。

（2）擅自使用他人有一定影响的企业名称（包括简称、字号等）、社会组织名称（包括简称等）、姓名（包括笔名、艺名、译名等）。

（3）擅自使用他人有一定影响的域名主体部分、网站名称、网页等。

（4）其他足以引人误认为是他人商品或者与他人存在特定联系的混淆行为。

> **案例讨论4-5（此案例为思政元素）**
>
> 2019年8月，宝力纸厂推出"月季"牌餐巾纸，每箱价格为20元。该品牌投放市场以后，以其低廉的价格、良好的质量赢得广大消费者的青睐。与此同时，华丽纸厂的"明洁"牌餐巾纸在市场上却无人问津。华丽纸厂面对严峻的市场形势，作出战略调整，以每箱18元的价格投放市场。因华丽纸厂的产品质量也不错，很快就赢得了一定的市场份额。2020年3月，宝力纸厂将产品价格降为15元每箱。于是，双方打起了价格大战。2020年7月，华丽纸厂为了彻底击垮对手，作出了大胆决定，以低于成本价的每箱13元的价格投放市场，同时优化纸质。2021年2月，华丽纸厂凭借其雄厚的实力终于将对手击垮。2021年2月19日，宝力纸厂因产品滞销、财政困难而停产。2021年3月13日，宝力纸厂向人民法院提起诉讼，状告清华丽纸厂的不正当竞争行为，并要求赔偿损失。
>
> 案例思考题：双方是否构成不正当竞争行为？
>
>
>
> 案例讨论答案（4-5）
>
> （案例来源：中国司法网，案例经编者加工整理）

(二) 商业贿赂行为

商业贿赂行为是指经营者为争取交易机会，暗中给予交易对方有关人员或者其他能影响交易的相关人员以财物或其他好处的行为。

《反不正当竞争法》第7条规定，经营者不得采用财物或者其他手段贿赂下列单位或者个人，以谋取交易机会或者竞争优势：

（1）交易相对方的工作人员；
（2）受交易相对方委托办理相关事务的单位或者个人；
（3）利用职权或者影响力影响交易的单位或者个人。

经营者在交易活动中，可以以明示方式向交易相对方支付折扣、向中间人支付佣金。经营者向交易相对方支付折扣、向中间人支付佣金的，应当如实入账。接受折扣、佣金的经营者也应当如实入账。一方行贿，另一方不接受，不构成商业贿赂；一方索贿，另一方不给付，也不构成商业贿赂。

(三) 虚假宣传行为

虚假宣传行为是指经营者利用广告和其他方法，对产品的质量、性能、成分、用途、产地等所作的引人误解的不实宣传。

《反不正当竞争法》规定，经营者不得对其商品的性能、功能、质量、销售状况、用户评价、曾获荣誉等作虚假或者引人误解的商业宣传，欺骗、误导消费者。经营者不得通过组织虚假交易等方式，帮助其他经营者进行虚假或者引人误解的商业宣传。

(四) 侵犯商业秘密行为

商业秘密是指不为公众所知悉，能为权利人带来经济利益，具有实用性并经权利人采取保密措施的技术信息和经营信息。侵犯商业秘密行为是指以不正当手段获取、披露、使用他人商业秘密的行为。

《反不正当竞争法》规定，经营者不得实施下列侵犯商业秘密的行为：

（1）以盗窃、贿赂、欺诈、胁迫、电子侵入或者其他不正当手段获取权利人的商业秘密；
（2）披露、使用或者允许他人使用以前项手段获取的权利人的商业秘密；
（3）违反保密义务或者违反权利人有关保守商业秘密的要求，披露、使用或者允许他人使用其所掌握的商业秘密；
（4）教唆、引诱、帮助他人违反保密义务或者违反权利人有关保守商业秘密的要求，获取、披露、使用或者允许他人使用权利人的商业秘密。

侵犯商业秘密的判定依据有：①商业秘密确实存在；②存在相应的行为主体；③实施了盗窃或利诱或胁迫或不当披露、使用商业秘密等行为；④已经或可能给权利人带来了损害后果。

(五) 不正当有奖销售行为

不正当有奖销售行为是指经营者在销售商品或提供服务时，以提供奖励（包括金钱、实物、附加服务等）为名，实际上采取欺骗或者其他不正当手段损害用户、消费者的利益，或者损害其他经营者合法权益的行为。

《反不正当竞争法》规定，经营者进行有奖销售不得存在下列情形：

(1) 所设奖的种类、兑奖条件、奖金金额或者奖品等有奖销售信息不明确，影响兑奖；

(2) 采用谎称有奖或者故意让内定人员中奖的欺骗方式进行有奖销售；

(3) 抽奖式的有奖销售，最高奖的金额超过5万元。

（六）诋毁商誉行为

诋毁商誉行为是指经营者捏造、散布虚假信息，损害竞争对手的商业信誉、商品声誉、从而削弱其竞争力的行为。

《反不正当竞争法》规定，经营者不得编造、传播虚假信息或者误导性信息，损害竞争对手的商业信誉、商品声誉。

（七）网络不正当竞争行为

网络不正当竞争行为是指经营者利用技术手段，通过影响用户选择或者其他方式，实施妨碍、破坏其他经营者合法提供网络产品或者服务正常运行的行为。

《反不正当竞争法》规定，经营者不得实施下列网络不正当竞争行为：

(1) 未经其他经营者同意，在其合法提供的网络产品或者服务中，插入链接，强制进行目标跳转；

(2) 误导、欺骗、强迫用户修改、关闭、卸载其他经营者合法提供的网络产品或者服务；

(3) 恶意对其他经营者合法提供的网络产品或者服务实施不兼容；

(4) 其他妨碍、破坏其他经营者合法提供的网络产品或者服务正常运行的行为。

【课堂讨论】4-3

在日常生活中，商家的哪些行为属于不正当竞争行为？

课堂讨论答案（4-3）

三、法律责任

（一）民事责任

经营者违反法律规定，给被侵害的经营者造成损害的，应当承担损害赔偿责任。经营者的合法权益受到不正当竞争行为损害的，可以向人民法院提起诉讼，依法维护自身权益。

因不正当竞争行为受到损害的经营者的赔偿数额，按照其因被侵权所受到的实际损失确定；实际损失难以计算的，按照侵权人因侵权所获得的利益确定。经营者恶意实施侵犯商业秘密行为，情节严重的，可以在按照上述方法确定数额的 1 倍以上 5 倍以下确定赔偿数额。赔偿数额还应当包括经营者为制止侵权行为所支付的合理开支。经营者实施混淆手段从事市场交易、侵犯商业秘密行为，导致权利人因被侵权所受到的实际损失、侵权人因侵权所获得的利益难以确定的，由人民法院根据侵权行为的情节判决给予权利人 500 万元以下的赔偿。

（二）行政责任

各级人民政府市场监督管理部门是不正当竞争行为的监督检查部门，对违反《反不正当竞争法》的行为根据情节处以：①责令经营者停止违法行为，消除影响；②没收违法所得；③罚款；④吊销营业执照；⑤责令整改；⑥给予行政处罚等制裁措施。具体规定如下：

（1）对于实施混淆行为的，由监督检查部门责令停止违法行为，没收违法商品。违法经营额在 5 万元以上的，可以并处违法经营额 5 倍以下的罚款；没有违法经营额或者违法经营额不足 5 万元的，可以并处 25 万元以下的罚款。情节严重的，吊销营业执照。

（2）实施商业贿赂的，由监督检查部门没收违法所得，处 10 万元以上 300 万元以下的罚款。情节严重的，吊销营业执照。

（3）对其商品作虚假或者引人误解的商业宣传，或者通过组织虚假交易等方式帮助其他经营者进行虚假或者引人误解的商业宣传，由监督检查部门责令停止违法行为，处 20 万元以上 100 万元以下的罚款；情节严重的，处 100 万元以上 200 万元以下的罚款，可以吊销营业执照。

（4）侵犯商业秘密的，由监督检查部门责令停止违法行为，没收违法所得，处 10 万元以上 100 万元以下的罚款；情节严重的，处 50 万元以上 500 万元以下的罚款。

（5）损害竞争对手商业信誉、商品声誉的，由监督检查部门责令停止违法行为、消除影响，处 10 万元以上 50 万元以下的罚款；情节严重的，处 50 万元以上 300 万元以下的罚款。

（6）妨碍、破坏其他经营者合法提供的网络产品或者服务正常运行的，由监督检查部门责令停止违法行为，处 10 万元以上 50 万元以下的罚款；情节严重的，处 50 万元以上 300 万元以下的罚款。

（三）刑事责任

经营者违反《反不正当竞争法》，构成犯罪的，依法追究刑事责任。

经营者违反《反不正当竞争法》规定，应当承担民事责任、行政责任和刑事责任，其财产不足以支付的，优先用于承担民事责任。

> **案例讨论 4-6**（此案例为思政元素）
>
> 某经销公司所在地夏季十分炎热，冰垫的销路一向很好。某年春，该公司购买了一批井冈山产的冰垫，准备在夏季卖出。但该年夏季气候反常，比往年夏季气温低了许多，这样就造成该公司的冰垫销路不好，在仓库内积压。为了销售积压的冰垫，收回资金，该公司经理决定用奖励的方法来促销冰垫，即将购买冰垫货款的 10% 给予购买者。恰在此时，有一家企业招待所的采购员夏某来到该公司购买冰垫 200 张，经双方协商，达成协议：夏

某所买冰垫货款的10%作为该公司给夏某的奖励；对于这部分"奖励"，双方均不入财务账。在夏某买走冰垫后，该公司又用同一种方法推销其积压的冰垫，库存冰垫很快便销售一空。但该地工商部门闻讯前来调查，认为该公司的行为属商业贿赂行为，没收了其非法所得，并处以相应的罚款。

案例讨论答案（4-6）

案例思考题：该地工商部门的处理是否得当？为什么？

（案例来源：中国司法网，案例经编者加工整理）

模块三补充案例

模块四 反垄断法

学习要点

1. 了解反垄断法的含义和特征、垄断协议的种类。
2. 熟悉经营者集中的法律责任。
3. 了解反垄断法的豁免。

导读案例（此案例为思政元素）

2018年12月18日上午，北京市第一中级人民法院公开开庭宣判了原告唐山市S信息服务有限公司（简称唐山S公司）诉被告北京A网讯科技有限公司（简称A公司）垄断纠纷案，判决驳回原告唐山S公司的诉讼请求。本案是《中华人民共和国反垄断法》（以下简称《反垄断法》）正式实施后北京法院作出判决的第一起案件。本案的裁判不仅给出了"相关市场"和"市场支配地位"的界定方法，而且对如何认定"滥用市场支配地位的行为"进行了有益探索，因而有着深远的意义。原告唐山S公司诉称，由于其降低了对A公司搜索竞价排名的投入，被告即对原告所拥有的网站在自然排名结果中进行了全面屏蔽，从而导致了该网站访问量的大幅度降低。而被告这种利用中国搜索引擎市场的支配地位对原告的网站进行屏蔽的行为，违反了《反垄断法》的规定，构成滥用市场支配地位强迫原告进行竞价排名交易的行为。故请求法院判令被告赔偿原告经济损失1 106 000元，解除对该网站的屏蔽并恢复全面收录。

被告A公司辩称，确实对原告所拥有的网站采取了减少收录的措施，实施该措施的原因是原告的网站设置了大量垃圾外链，搜索引擎自动对其进行了作弊处罚。但是，该项处罚措施针对的仅仅是A公司搜索中的自然排名结果，与原告所称的竞价排名的投入毫无关系，也不会影响原告竞价排名的结果。此外，原告称被告具有《反垄断法》所称的"市场支配地位"缺乏事实依据。被告提供的搜索引擎服务对于广大网民来说是免费的，故与搜索引擎有关的服务不能构成《反垄断法》所称的相关市场。因此，请求人民法院判决驳回原告的诉讼请求。

案例思考题：
(1) A公司是否构成垄断行为？
(2) 法院该如何审判？

导读案例答案

（案例来源：中国司法网，案例经编者加工整理）

理论知识

一、反垄断法概述

（一）垄断概述

垄断是指垄断主体违反反垄断法的规定，对市场经济运行进行排他性控制或对市场竞争进行实质性的限制，妨碍公平竞争的行为。垄断行为的主要特征是排除或者限制竞争。

（二）反垄断法概述

反垄断法是国家为促进和保护公平竞争，提高经济运行效率，通过预防和制止垄断行为，调整竞争关系及与竞争有密切联系的其他社会关系的法律规范的总称。

反垄断法的调整范围包括：①中华人民共和国境内经济活动中的垄断行为；②中华人民共和国境外的垄断行为，对境内市场竞争产生排除、限制影响的；③经营者滥用知识产权，排除、限制竞争行为。

二、垄断行为

《中华人民共和国反垄断法》（以下简称《反垄断法》）禁止的垄断行为包括：①经营者达成垄断协议；②经营者滥用市场支配地位；③具有或可能具有排除、限制竞争效果的经营者集中。

（一）垄断协议

1. 垄断协议的概念

垄断协议是指两个或两个以上的行为人以协议、决定或其他协同方式排除、限制竞争的行为。垄断协议也称限制竞争协议或卡特尔。

2. 垄断协议的种类

垄断协议可以分为横向垄断协议和纵向垄断协议。

1) 横向垄断协议

横向垄断协议又称水平垄断协议，是指在生产或销售过程中处于同一环节的，相互具有直接竞争关系的经营者之间达成的垄断协议。横向垄断协议常见的表现形式如下：

（1）固定或变更商品价格协议。它又称价格卡特尔或价格同盟，是指处于同一生产或流通环节的经营者通过明示和默示的协议，将其产品价格固定在或变更到统一的水平上。

（2）限制商品生产数量或销售数量的协议。

（3）市场划分协议。它是指以分割销售市场或原材料采购市场为内容的横向垄断协议。市场划分协议的表现形式多种多样，常见的有划分地理市场、划分客户市场和划分产品市场等。

（4）限制购买新技术、新设备或限制开发新技术、新产品的协议。限制创新的垄断协议保护了落后，限制了有效的市场竞争，致使消费者得不到更优质的产品。

（5）联合抵制交易。联合抵制交易是指一部分经营者联合起来不与其他竞争对手、供应商或客户交易的限制竞争行为。联合抵制交易行为限制了经营者选择交易对象的自由。

2）纵向垄断协议

纵向垄断协议是指处于不同的生产经营阶段，相互不具有直接竞争关系的经营者之间订立的协议。与横向垄断协议不同，纵向垄断协议的特点是当事人处于不同生产、流通环节，相互之间的竞争性较弱。

纵向垄断协议的主要表现形式如下：

（1）固定转售价格。它是指经营者与交易相对人达成协议，固定交易相对人向第三人转售商品的价格。

（2）限定最低转售价格。它是指经营者与交易相对人达成协议，限定向第三人转售商品的最低价格。由于限定了最低转售价格，很可能导致消费者支付更高的价格，从而损害消费者利益。

> **课堂讨论 4-4**
>
> 根据《反垄断法》，滥用市场支配地位的表现形式有哪些？

课堂讨论答案（4-4）

3. 关于垄断协议的豁免

市场竞争具有直接而严重的危害，各国反垄断法原则上都对垄断协议予以禁止。在有些情况下，垄断协议虽然限制了竞争，但总体上有利于提高经济效益，推动技术进步，符合公共利益。因此，根据我国《反垄断法》，经营者达成的协议如果符合一定的条件，则不适用禁止垄断协议的规定。

经营者达成的下列协议不适用禁止垄断协议的规定：

（1）为改进技术、研究开发新产品的。

（2）为提高产品质量、降低成本、提高效率，统一产品规格、标准或实行专业化分工的。

（3）为提高中小经营者经营效率，增强中小经营者竞争力的。

（4）为实现节约能源、保护环境、救灾救助等社会公共利益的。

(5) 经济不景气，为缓解销售量严重下降或生产明显过剩的。
(6) 为保障对外贸易和对外经济合作中的正常利益的。
(7) 法律和国务院规定的其他情形。

（二）滥用市场支配地位

1. 市场支配地位的含义

所谓市场支配地位，是指经营者在相关市场内具有能够控制商品价格、数量或其他交易条件，或者能够阻碍、影响其他经营者进入相关市场能力的市场地位。

2. 市场支配地位的认定与推定方法

1) 市场支配地位的认定依据

经营者是否具有市场支配地位，一般从以下两个方面认定：

（1）界定相关市场。市场支配地位总是针对特定范围市场而言的，要认定市场支配地位，必须先确定相关市场。同样的主体，在一个较小范围的市场中可能具有支配地位，而在一个较大范围的市场中可能不具有支配地位。

（2）考察相关因素。认定经营者具有市场支配地位，应当依据下列因素：①经营者在相关市场的市场份额以及相关市场的竞争状况；②经营者自身的条件，如财力、技术条件及控制销售市场或原材料采购市场的能力；③其他经营者进入相关市场的难易程度；④其他经营者对该经营者在交易上的依赖程度；⑤可能出现的其他相关因素。

2) 市场支配地位的推定方法

根据《反垄断法》，推定经营者是否具有市场支配地位，采用下列标准：

（1）一个经营者在相关市场的市场份额达到1/2的。
（2）两个经营者在相关市场的市场份额合计达到2/3的。
（3）三个经营者在相关市场的市场份额合计达到3/4的。
（4）在推定两个经营者或三个经营者的市场支配地位时，其中有的经营者市场份额不足1/10的，不应当推定该经营者具有市场支配地位。
（5）被推定具有市场支配地位的经营者，有证据证明不具有市场支配地位的，不应当认定其具有市场支配地位。

3. 滥用市场支配地位的表现形式

具有市场支配地位的经营者拥有影响竞争的潜在力量，如果该经营者滥用其市场支配地位，将对市场竞争产生排除、限制影响。

《反垄断法》并不禁止经营者具有市场支配地位，只是禁止经营者实施滥用市场支配地位的行为。

根据《反垄断法》，滥用市场支配地位的表现形式如下：

（1）以不公平的高价销售商品或以不公平的低价购买商品。
（2）掠夺性定价，即没有正当理由，以低于成本的价格销售商品。
（3）拒绝交易，即没有正当理由，拒绝与交易相对人进行交易。
（4）独家交易，即没有正当理由，限定交易相对人只能与其进行交易或只能与其指定的经营者进行交易。

（5）搭售或附加不合理条件，即没有正当理由，搭售商品或在交易时附加其他不合理的交易条件。

（6）差别待遇，即没有正当理由，对条件相同的交易相对人在交易价格等交易条件上实行差别待遇。

（7）国务院反垄断执法机构认定的其他滥用市场支配地位的行为。

（三）经营者集中

1. 经营者集中的含义

经营者集中是指经营者合并、经营者通过取得其他经营者的股份或资产及通过合同等方式取得对其他经营者的控制权，或者能够对其他经营者施加决定性影响的情形。

2. 经营者集中的形式

1）经营者合并

经营者合并是指两个以上具有独立实体地位的经营者通过一定的形式合并为一个经营者的法律行为。

2）取得股份

取得股份是指经营者通过取得其他经营者的股份，进而使一个经营者能够直接或间接控制另一个经营者。如果一个经营者直接或间接地控制另一个经营者，则有可能导致市场势力的集中，破坏公平的市场竞争环境。

3）取得资产

取得资产是指经营者之间通过取得财产的方式，使一个经营者能够直接或间接控制另一个经营者。如果一个经营者通过购买、承担债务或其他方式取得了另一个经营者的全部或部分财产，这两个经营者就可能实现集中。

4）经营结合

经营结合是指经营者通过合同等方式取得对其他经营者的控制权或能够对其他经营者施加决定性影响。由于被控制的经营者的经营管理受到约束和控制或被施加决定性影响，所以丧失了自主决策权，在经营行为上就可能与取得控制权的经营者协同一致，从实质上变成单一的经营主体，形成事实上的经营者集中。

3. 经营者集中的事先申报

为了对经营者集中进行监控，《反垄断法》规定了经营者集中事先申报制度。《反垄断法》规定，经营者集中达到国务院规定的申报标准的，经营者应当事先向国务院反垄断执法机构申报，未申报的，不得实施集中。

对于提出集中申报的经营者，国务院反垄断执法机构在综合考虑集中可能影响市场竞争的相关因素后，作出可以实施集中或禁止实施经营者集中的决定。

4. 行政性垄断行为

1）行政性垄断行为的概念及特征

行政性垄断行为是指行政机关或其他依法具有管理公共事务职能的组织，滥用行政权力，限制经营者的正当经营活动，限定单位或个人对商品的购买与使用范围或对进行商品交易的地区进行封锁等，从而妨碍、破坏市场竞争的行为。

行政性垄断行为有以下特征：
（1）行为主体是行政机关或其他依法具有管理公共事务职能的组织。
（2）垄断力来自行政权力。
（3）行为方式具有强制性与隐藏性。
（4）危害后果的严重性。

2）行政性垄断行为的表现形式
（1）指定交易。

指定交易是指行政机关和其他依法具有管理公共事务职能的组织滥用行政权力，限定或变相限定单位或个人经营、购买、使用其指定的经营者提供的商品的行为。

（2）限制商品自由流通。

限制商品自由流通是指行为主体采取对外地商品设定歧视性价格，规定与本地商品不同的技术要求，设置关卡及其他行政措施，限制商品在地区间自由流通。

（3）排斥或限制招标投标。

排斥或限制招标投标是指行为主体滥用行政权力，以设定歧视性资质要求、评审标准或不依法发布信息等方式，排斥或限制外地经营者参加本地的招标投标活动。

（4）排斥或限制投资或设立分支机构。

排斥或限制投资或设立分支机构是指行为主体滥用行政权力，采取与本地经营者不平等待遇等方式，排斥或限制外地经营者在本地投资或设立分支机构。

（5）强制经营者从事垄断行为。

强制经营者从事垄断行为是指行为主体滥用行政权力，强令经营者达成垄断协议，或者强令具有市场支配地位的经营者滥用市场支配地位，或者滥用行政权力干预经营者集中从而扭曲市场竞争的行为。

（6）制定含有排除、限制竞争内容的规定。

制定含有排除、限制竞争内容的规定，是指行为主体制定以排除、限制竞争为目的或含有排除、限制竞争内容的各种文件、通知、条例和规章等，用抽象行政行为排除、限制竞争。

5. 关于禁止集中的豁免

根据《反垄断法》的规定，经营者能够证明经营者集中对竞争产生的有利影响明显大于不利影响，或者符合社会公共利益，国务院反垄断执法机构可以作出对经营者集中不予禁止的决定。

6. 滥用行政权力排除、限制竞争的法律责任

根据《反垄断法》的规定，行政机关和其他法律、法规授权的具有管理公共事务职能的组织滥用行政权力，实施排除、限制竞争行为的，由上级机关责令改正；对直接负责的主管人员和其他直接责任人员依法给予处分。

三、反垄断法的豁免

为了保障《反垄断法》的正确实施，规范反垄断执法机构依法行使职权，保护相对人的合法权益，《反垄断法》规定了对反垄断执法机构作出决定的救济途径。主要包括：对反

垄断执法机构依据《反垄断法》第 28 条和第 29 条作出的有关经营者集中的决定不服的，利害关系人可以先依法申请行政复议；对行政复议决定不服的，可以依法提起行政诉讼。

《反垄断法》的豁免，是指在某些特定行业或领域中，法律允许一定的垄断状态及垄断行为存在。《反垄断法》的豁免是对垄断这种具有正负双重效应的经济现象进行规制时所做的一种利益权衡，有利于保护国家经济利益和社会公共利益，增强了《反垄断法》的适应性、灵活性和合理性。

《反垄断法》的豁免除上述提到的豁免内容以外，还有以下豁免内容：

1. 关于特定行业垄断经营的豁免

《反垄断法》规定，国有经济占控制地位的关系国民经济命脉和国家安全的行业及依法实行专营专卖的行业，国家对其经营者的合法经营活动予以保护，并对经营者的经营行为及其商品和服务的价格依法实施监管和调控，维护消费者利益，促进技术进步。

2. 关于知识产权的豁免

《反垄断法》规定，经营者依照有关知识产权的法律、行政法规规定行使知识产权的行为，不适用《反垄断法》；但是，经营者滥用知识产权，排除、限制竞争的行为，适用《反垄断法》。

3. 关于农业生产及农村经济组织的豁免

《反垄断法》规定，农业生产者及农村经济组织在农产品生产、加工、销售、运输和储存等经营活动中实施的联合或协同行为，不适用《反垄断法》。

> **案例讨论 4-7**（此案例为思政元素）
>
> 2020 年 12 月，市场监管总局依据《反垄断法》对某集团控股有限公司（以下简称某集团）在中国境内的网络零售平台服务市场滥用市场支配地位的行为立案调查。
>
> 市场监管总局成立专案组，在扎实开展前期工作的基础上，对某集团进行现场检查，调查询问相关人员，查阅复制有关文件资料，获取大量证据材料；对其他竞争性平台和平台内商家广泛开展调查取证；对本案证据材料进行深入核查和大数据分析；组织专家反复深入开展案件分析论证；多次听取某集团陈述意见，保障其合法权利。本案事实清楚、证据确凿、定性准确、处理恰当、手续完备、程序合法。经查，某集团在中国境内的网络零售平台服务市场具有市场支配地位。自 2015 年以来，某集团滥用该市场支配地位，对平台内商家提出"二选一"的要求，禁止平台内商家在其他竞争性平台开店或参加促销活动，并借助市场力量、平台规则和数据、算法等技术手段，采取多种奖惩措施保障"二选一"要求的执行，维持、增强自身市场力量，获取不正当竞争优势。
>
> 案例思考题：为什么说某集团具有滥用市场支配地位的行为？　　案例讨论答案（4-7）
>
> （案例来源：中国司法网，案例经编者加工整理）

模块四补充案例

课后习题

一、同步练习

1. 填空题

（1）国际标准化组织把消费者定义为_____的个体社会成员。

（2）生活消费的客体是_____和_____。

（3）国际消费者组织联盟于1983年作出决定，将每年的_____定为"国际消费者权益日"。

（4）仲裁法是指_____的总称。

（5）仲裁庭分为_____和_____。

2. 选择题

（1）经营者提供商品或服务时，出现下列哪些情形时应当依照法律规定，承担民事责任？（   ）

A. 商品存在缺陷　　　　B. 不具备商品应当具备的使用性能而出售时未作说明

C. 销售商品数量不足　　D. 服务的内容和费用违反约定

（2）以下哪些行为不属于侵犯商业秘密行为？（   ）

A. 盗窃商业机密　　　　　　　　B. 在与领导视频时被偷听

C. 引诱教唆他人去盗取外卖机密　D. 向竞争对手透露机密

（3）经营者实施混淆手段从事市场交易、侵犯商业秘密的行为，导致权利人因被侵权所受到的实际损失、侵权人因侵权所获得的利益难以确定的，由人民法院根据侵权行为的情节判决给予权利人_____元以下的赔偿。（   ）

A. 100万　　　B. 200万　　　C. 300万　　　D. 500万

3. 判断题

（1）消费者的生活消费包括物质资料的消费与精神消费。（   ）

（2）广告的经营者不提供经营者的真实姓名、地址的，不用承担赔偿责任。（   ）

（3）反垄断法是国家为促进和保护公平竞争，提高经济运行效率，通过预防和制止垄断行为，调整竞争关系及与竞争有密切联系的其他社会关系的法律规范的总称。（   ）

（4）根据《反垄断法》的规定，经营者能够证明经营者集中对竞争产生的有利影响明显大于不利影响，或者符合社会公共利益，国务院反垄断执法机构可以作出对经营者集中不予禁止的决定。（   ）

4. 问答题

（1）消费者的特征是什么？

（2）消费者具有哪些权利？

（3）经营者的义务有哪些？

（4）消费争议应如何解决？

项目四同步练习答案

（5）不正当竞争行为有哪些？

二、案例分析与应用

1. 夏某通过找"网络买家"进行刷单虚构交易，"网络买家"按照夏某制定的"刷单"计划购买指定的商品，之后一个星期左右，"网络买家"确认收货并给予好评后，夏某通过支付宝将货款和刷单费转账给对方，刷单费为虚假交易金额的1%。在交易过程中，夏某通过快递公司发空包完成交易流程。截至被查处时，夏某共虚构交易39笔，涉案金额为21 636.65元。

下列相关说法正确的是（　　）。

A. 夏某的行为属于经营者对其商品的销售状况和用户评价弄虚作假，从而误导消费者的非法行为

B. "网络买家"的刷单行为属于通过组织虚假交易等方式，帮助其他经营者进行虚假或者引人误解的商业宣传行为

C. 监督检查部门有权责令夏某停止违法行为

D. 如果属于情节严重的情形，监督检查部门可以对"网络买家"处100万元以上200万元以下的罚款，可以吊销营业执照

2. 张强、王明、李可是某市三家自行车行的经营者，某日，在行业会议中签订了关于维持现有价格的协议，不允许相互之间采用降低价格的方式进行竞争。根据《反垄断法》的规定，下列关于该协议说法正确的是（　　）。

A. 该协议属于《反垄断法》禁止的固定价格的纵向垄断协议

B. 该协议属于行业间的合法协议，属于垄断协议免除情形

C. 该协议属于固定商品价格的协议，是《反垄断法》禁止的横向垄断协议

D. 该协议属于滥用市场支配地位的协议，是排除和限制竞争的滥用市场支配地位的行为

三、实务操作训练

请以小组形式对本项目内容进行汇报（采用PPT形式）。

内容要求：应包括重点理论知识点、案例、图片、视频、问题等。

汇报要求：口齿清晰、表达流畅、仪态自然。

案例分析与应用答案

项目五

营销产品法律

名人警句

1. 对产品质量来说，不是100分就是0分。
2. 需要是发明之母，但专利权是发明之父。

知识目标

1. 了解产品质量法、产品质量认证等概念，生产者、销售者的责任和义务，违反产品质量法的损害赔偿的法律规定等。

2. 掌握工业产权的概念和特征，商标的概念、种类和作用，商标注册的原则、条件和程序，《中华人民共和国商标法》禁用条款，商标专用权的概念、内容和有效期，商标侵权行为的特征和类型，专利权的主体和客体，授予专利权的条件，专利权的审批，专利权的内容及其限制、有效期等内容。

技能目标

1. 培养学生对产品质量法规定的正当销售行为的识别分析能力。
2. 培养学生依法向商标局申请商标和向专利局申请专利的能力。
3. 培养学生运用商标专用权和抵制商标侵权行为的能力。
4. 培养学生正确运用专利权维护自身利益的能力。

知识导图

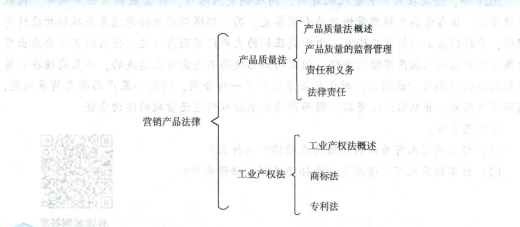

应用案例

江某从甲贸易公司购买了一台电冰箱,回家后安装完毕准备试用,谁料刚插好电源,因电冰箱漏电而将江某击倒在地,江某当即不省人事,虽经奋力抢救终于脱离危险,但因此住院一个多月。江某要求甲贸易公司和电冰箱厂赔偿其经济损失,但甲贸易公司说自己只负责电冰箱的销售,质量问题与己无关,电冰箱厂则说电冰箱出厂时有合格证,表明当时没有质量问题,既然是甲贸易公司卖出去的,责任应在甲贸易公司。江某无奈只能诉至法院。法院受理后查明,电冰箱确实存在质量问题。

案例思考题:江某的损失应由谁来承担?

应用案例答案

(案例来源:中国司法案例网,案例经编者加工整理)

模块一 产品质量法

学习要点

1. 了解产品质量法的概念。
2. 熟悉生产者、消费者的责任和义务。
3. 掌握产品质量法的适用范围。
4. 掌握违反产品质量法的法律规定。

导读案例（此案例为思政元素）

2021年，任某在为家中老人祝寿时，高压锅突然爆炸，任某被锅盖击中头部，抢救无效死亡。据负责高压锅质量检测的专家鉴定，高压锅爆炸的直接原因是高压锅的设计有问题，导致锅盖上的排气孔堵塞。由于高压锅的生产厂家距离较远，任某的家人要求出售此高压锅的商场承担民事赔偿责任。但商场声称缺陷不是由自己造成的，而且商场在出售这种高压锅（尚处于试销期）时已与买方签订了一份合同，约定如果产品存在质量问题，商场负责退货，并双倍返还货款，因而商场只承担双倍返还货款的违约责任。

案例思考题：
(1) 任某的家人可否向该商场请求赔偿？为什么？
(2) 任某的家人可以请求违约责任还是侵权赔偿责任？

导读案例答案

（案例来源：人民司法网，案例经编者加工整理）

理论知识

一、产品质量法概述

产品质量法是调整因产品质量而产生的社会关系的法律规范的总称。

（一）产品与产品质量

产品是指经过加工、制作，用于销售的产品。《中华人民共和国产品质量法》（以下简称《产品质量法》）中所指的产品包括以下几个方面：

(1) 初级农产品（种植业、畜牧业、渔业产品等）及未经加工的天然形成的产品（如石油、原煤、天然气等）不适用《产品质量法》的规定，但不包括经过加工的这类产品以及衍生产品。

(2) 以销售为目的，通过工业加工、手工制作等生产方式获得的具有特定使用性能的物品。虽然经过加工、制作，但不用于销售的产品，纯为科学研究或为自己使用而加工、制作的产品，不属于《产品质量法》调整的范围。

(3) 建设工程不适用《产品质量法》的规定。但建设工程使用的建筑材料、建筑构配件和设备，适用《产品质量法》的规定。

(4) 军工产品不适用《产品质量法》的规定。

产品质量是指产品在正常的使用条件下，为满足消费者合理的使用要求所必须具备的物质、技术和社会特征的总和。

产品质量由下列要素构成：①产品的材料品质；②产品外观及包装品质；③产品的安全性能；④产品的适用范围；⑤产品的经济性能，主要指不给使用者造成不应有的浪费。

（二）产品质量法的调整对象

产品质量法的调整对象主要包括两大类社会关系：
（1）在国家对企业的产品质量进行监督管理过程中产生的产品质量管理关系；
（2）产品的生产者、销售者与产品的用户和消费者之间因产品缺陷而产生的产品质量责任关系。

（三）产品质量法的主要原则

（1）质量第一的原则。
（2）贯彻维护消费者合法权益的原则。
国家要严厉制裁制假、售假的生产者和销售者，以维护社会主义市场经济秩序。

二、产品质量的监督管理

（一）产品质量监督

产品质量监督是指各级人民政府市场监督管理部门依据法定权限对产品质量进行监督管理活动的总称。

（二）我国产品质量监督管理体制

我国产品质量监督管理体制主要包含两个方面，分别为国家产品质量监督管理以及地方产品质量监督管理。

1. 国家产品质量监督管理部门

国家市场监督管理总局、国务院各有关部门。

2. 地方产品质量监督管理部门

县级以上市场监督管理部门、县级以上政府各有关部门、省级以下市场监督管理系统垂直领导。

3. 产品质量监督检查制度

国家对产品质量实行以抽查为主要方式的监督检查制度，对可能危及人体健康和人身、财产安全的产品，影响国计民生的重要工业产品以及消费者、有关组织反映有质量问题的产品进行抽查。抽查的样品应当在市场上或者企业成品仓库内的待销产品中随机抽取。监督抽查工作由国务院市场监督管理部门规划和组织。县级以上地方市场监督管理部门在本行政区域内也可以组织监督抽查。法律对产品质量的监督检查另有规定的，依照有关法律的规定执行。对依法进行的产品质量监督检查，生产者、销售者不得拒绝。

生产者、销售者对抽查检验的结果有异议的，可以自收到检验结果之日起15日内向实施监督检查的市场监督管理部门或者其上级市场监督管理部门申请复检，由受理复检的市场监督管理部门作出复检结论。

依照《产品质量法》规定进行监督检查的产品质量不合格的，由实施监督检查的市场监督管理部门责令其生产者、销售者限期改正。逾期不改正的，由省级以上人民政府市场监督管理部门予以公告；公告后经复查仍不合格的，责令停业，限期整顿；整顿期满后经复查产品质量仍不合格的，吊销营业执照。

（三）产品质量标准制度

根据《产品质量法》的规定，我国实行产品质量标准制度。其主要内容如下：
（1）产品质量应符合一定的标准；
（2）产品均应检验合格，不得以不合格产品冒充合格产品；
（3）可能危及人体健康和人身、财产安全的工业产品，必须符合保障人体健康和人身财产安全的国家标准、行业标准。未制定国家标准或行业标准的，必须符合保障人体健康和人身、财产安全的要求。

三、责任和义务

（一）生产者和销售者的产品质量责任

教学视频

1. 生产者的责任

1）生产者对产品质量的责任

（1）不存在危及人身、财产安全的不合理的危险，有保障人体健康和人身、财产安全的国家标准、行业标准的，应当符合该标准。
（2）具备产品应当具备的使用性能，但是，对产品存在使用性能的瑕疵作出说明的除外。
（3）符合在产品或者其包装上注明采用的产品标准，符合以产品说明、实物样品等方式表明的质量状况。

2）生产者对产品或者其包装上的标识的责任

（1）有中文标明的产品名称、生产厂家名称和厂址。
（2）有产品质量检验合格证明。
（3）限期使用的产品，应当在显著位置清晰地标明生产日期和安全使用期或者失效日期。
（4）根据产品的特点和使用要求，需要标明产品规格、等级、所含主要成分的名称和含量的，用中文相应予以标明；需要事先让消费者知晓的，应当在外包装上标明。
（5）使用不当，容易造成产品本身损坏或者可能危及人身、财产安全的产品，应有警示标志或者中文警示说明。
（6）裸装食品和其他根据产品的特点难以附加标识的裸装产品，可以不附加产品标识。

2. 销售者的责任

（1）销售者应当采取措施，保持销售产品的质量。如果进货时产品符合质量要求，但销售时产品出现缺陷，销售者就要承担相应的责任。
（2）销售者销售的产品的标识应当符合法律对生产产品或其包装上的标识的规定。

（二）生产者和销售者的不作为义务

1. 生产者的不作为义务

（1）生产者不得伪造产地，不得伪造或者冒用他人的厂名、厂址。

（2）生产者不得伪造或者冒用认证标志等质量标志。

（3）生产者不得生产国家明令淘汰的产品。

（4）生产者不得以不合格产品冒充合格产品。

2. 销售者的不作为义务

（1）销售者不得销售国家明令淘汰并停止销售的产品和失效、变质的产品。

（2）销售者销售产品不得以不合格产品冒充合格产品。

> **课堂讨论 5-1**
>
> 作为消费者，当我们遇到产品质量问题时应该怎样维权？
>
>
>
> 课堂讨论答案（5-1）

四、法律责任

生产者之间，销售者之间，生产者与销售者之间订立的买卖合同、承揽合同有不同约定的，合同当事人按照合同约定执行。

《产品质量法》所称缺陷，是指产品存在危及人身、他人财产安全的不合理的危险；产品有保障人体健康和人身、财产安全的国家标准、行业标准的，是指不符合该标准。

因产品存在缺陷造成受害人人身伤害的，侵害人应当赔偿医疗费、治疗期间的护理费、因误工减少的收入等费用；造成残疾的，还应当支付残疾者的生活自助具费、生活补助费、残疾赔偿金以及由其扶养的人所必需的生活费等费用；造成受害人死亡的，还应当支付丧葬费、死亡赔偿金以及由死者生前扶养的人所必需的生活费等费用。

因产品存在缺陷造成受害人财产损失的，侵害人应当恢复原状或者折价赔偿。受害人因此遭受其他重大损失的，侵害人应当赔偿损失。

因产品存在缺陷造成人身、他人财产损害的，受害人可以向产品的生产者要求赔偿，也可以向产品的销售者要求赔偿。属于产品的生产者的责任，产品的销售者赔偿的，产品的销售者有权向产品的生产者追偿。属于产品的销售者的责任，产品的生产者赔偿的，产品的生产者有权向产品的销售者追偿。

（一）生产者责任

（1）因产品存在缺陷造成人身、缺陷产品以外的其他财产（以下简称他人财产）损害的，生产者应当承担赔偿责任。

(2) 销售者依照规定负责修理、更换、退货、赔偿损失后，属于生产者的责任或者属于向销售者提供产品的其他销售者（以下简称供货者）的责任的，销售者有权向生产者、供货者追偿。

生产者能够证明有下列情形之一的，不承担赔偿责任：
(1) 未将产品投入流通的。
(2) 产品投入流通时，引起损害的缺陷尚不存在的。
(3) 将产品投入流通时的科学技术水平尚不能发现缺陷的存在的。

（二）销售者责任

售出的产品有下列情形之一的，销售者应当负责修理、更换、退货；给购买产品的消费者造成损失的，销售者应当赔偿损失：
(1) 不具备产品应当具备的使用性能而事先未作说明的。
(2) 不符合在产品或者其包装上注明采用的产品标准的。
(3) 不符合以产品说明、实物样品等方式表明的质量状况的。
(4) 由于销售者的过错使产品存在缺陷，造成他人人身、财产损害的，销售者应当承担赔偿责任。
(5) 销售者不能指明缺陷产品的生产者也不能指明缺陷产品的供货者的，销售者应当承担赔偿责任。

销售者未按照上述规定给予修理、更换、退货或者赔偿损失的，由市场监督管理部门责令改正。

（三）纠纷的处理

因产品质量发生民事纠纷时，当事人可以通过协商或者调解解决。当事人不愿通过协商、调解解决或者协商、调解不成的，可以根据当事人各方的协议向仲裁机构申请仲裁；当事人各方没有达成仲裁协议或者仲裁协议无效的，可以直接向人民法院起诉。

因产品存在缺陷造成损害要求赔偿的诉讼时效期间为 2 年，自当事人知道或者应当知道其权益受到损害时起计算。因产品存在缺陷造成损害要求赔偿的请求权，在造成损害的缺陷产品交付最初消费者满 10 年丧失；但是，尚未超过明示的安全使用期的除外。

案例讨论 5-1 （此案例为思政元素）

消费者任某在丽江市 A 五金交电公司（以下简称 A 公司）购买了一个长沙市 B 电子仪器厂（以下简称 B 厂）生产的电视机保护器（以下简称保护器）。该产品说明书上说安装该产品能防雷。任某见电视机上安装了电视机保护器，以为可以放心地看电视。岂料，已安装了保护器的电视机被雷击毁。电视机的整套集成电路被损坏，但尚未造成人员伤亡。任某就此问题向消费者协会投诉，消费者协会接到投诉后，会同有关技术部门对电视机进行了检查，经调查证实，电视机被击毁确实是由于电视机保护器有质量问题，没有起到真正的保护作用所致。于是，任某以 A 公司销售不合格产品使消费者蒙受经济损失为由，以 A 公司为被告向法院提起诉讼，要求其赔偿损失。而 A 公司认为，电视机保护器是 B 厂生产的，应由 B 厂承担赔偿责任。

案例思考题：任某的损失应由谁来承担？

案例讨论答案（5-1）

（案例来源：人民法院公告网，案例经编者加工整理）

模块二 工业产权法

学习要点

1. 了解工业产权的概念和特征。

2. 熟悉商标的概念、种类和作用；掌握商标注册的原则、条件和程序，商标管理的规定，《商标法》禁用条款的规定，商标专用权的概念、内容和有效期，商标侵权行为的特征和类型。

3. 熟悉专利权的主体和客体，授予专利权的条件，专利权的审批，专利权的内容及限制、有效期等内容。

导读案例（此案例为思政元素）

健力保足球俱乐部与南京体育用品厂合作开发纪念足球等系列用品，使用"健力保"商标，但未就该商标向国家申请注册。与此同时，天津体育用品厂依法申请并获准注册了在体育用品上的"健力保"商标。后续天津体育用品厂要求健力保足球俱乐部、南京体育用品厂同其签订注册商标使用许可合同。否则，追究其商标侵权责任。

案例思考题：天津体育用品厂的要求是否合法？为什么？

导读案例答案

（案例来源：中国法院网，案例经编者加工整理）

理论知识

一、工业产权法概述

根据《保护工业产权巴黎公约》的规定，工业产权的保护对象有专利、实用新型、外观设计、商标、服务标记、厂商名称、货源标记或原产地名称等。本书的工业产权法仅仅指《中华人民共和国商标法》（以下简称《商标法》）和《中华人民共和国专利法》（以下简称《专利法》），这两种法律具有排他性、时效性和地域性的特征，故放在一起介绍。

二、商标法

（一）商标的概念

商标，是商品的生产者、经营者或者服务项目的提供者为了使自己生产经营的商品或者提供的服务项目同他人生产经营的商品或者提供的服务项目相区别而采用的一种标志。

（二）商标的分类

根据不同的标准，可以把商标分为不同的种类。

（1）按商标的结构分类，商标可分为数字商标、文字商标、图形商标、字母商标、颜色组合商标、立体商标和非形象商标等。

（2）根据商标的管理来分类，商标总体上可划分为注册商标和未注册商标。注册商标包括商品商标、服务商标、集体商标、证明商标；商标注册人享有商标专用权，受法律保护。

（三）商标法概述

1. 商标法的概念

商标法，是指调整在商标注册、使用、管理和保护过程中所发生的社会关系的法律规范的总称，其核心内容是确认和保护注册商标的专用权。

2. 商标法的主要内容

我国现行《商标法》的主要内容有：商标注册的申请、审查和核准，注册商标的续展、变更、转让和使用许可，注册商标争议的裁定、商标使用的管理和注册商标专用权的保护等。

3. 商标注册应遵守的原则

1）自愿注册和强制注册相结合的原则

自愿注册，是指商标使用人根据实际需要和自己的意愿，自主决定商标注册申请并取得商标专用权。通过申请并经国家商标局核准注册的商标为注册商标，注册人对其享有专用权，受法律保护；未经注册的商标也可使用，但不得与他人的商标专用权相冲突。

《商标法》明确规定，法律、行政法规规定必须使用注册商标的商品，必须申请商标注册，未经核准注册的，不得在市场销售。依据我国法律规定，烟草制品必须使用注册商标。

2）分类申请的原则

分类申请的原则，是指商标使用人申请商标注册的，应当按照规定的商品分类表填报使用商标的商品类别和商品名称；同一申请人在不同类别的商品上使用同一商标的，应当按商品分类表提出注册申请。不同类别的商品需要使用同一商标的，应当按商品分类表分别提出申请。

3）申请在先的原则

申请在先的原则，又称注册在先的原则，是指两个或两个以上的申请人，在同一或者类似商品上以相同或者相近似的商标申请注册时，注册申请在先的商标，申请在后的商标予以驳回。

4) 使用在先的原则

使用在先的原则,是指两个或两个以上的申请人,在同一天就同一种商品或者类似商品,以相同或者相近似的商标申请注册时,注册最先使用的商标,使用在后的商标注册申请予以驳回。

4. 商标不得使用禁用标志

1) 下列标志不得作为商标使用

(1) 同中华人民共和国的国家名称、国旗、国徽、军旗、勋章相同或者近似的,以及同中央国家机关的名称、标志、所在地特定地点的名称或者标志性建筑物的名称、图形相同的。

(2) 同外国的国家名称、国旗、国徽、军旗相同或者近似的,但该国政府同意的除外。

(3) 同政府间国际组织的名称、旗帜、徽记相同或者近似的,但经该组织同意或者不易误导公众的除外。

(4) 与表明实施控制、予以保证的官方标志、检验印记相同或者近似的,但经授权的除外。

(5) 同"红十字""红新月"的名称、标志相同或者近似的。

(6) 带有民族歧视性的。

(7) 夸大宣传并带有欺骗性的。

(8) 有害于社会主义道德风尚或者有其他不良影响的。

县级以上行政区划的地名或者公众知晓的外国地名,不得作为商标。但是,地名具有其他含义或者作为集体商标、证明商标组成部分的除外;已经注册的使用地名的商标继续有效。

2) 下列标志不得作为商标注册

(1) 仅有本商品的通用名称、图形、型号的。

(2) 仅直接表示商品的质量、主要原料、功能、用途、重量、数量及其他特点的。

(3) 其他缺乏显著特征的。

前款所列标志经过使用取得显著特征,并便于识别的,可以作为商标注册。

(4) 以三维标志申请注册商标的,仅由商品自身的性质产生的形状、为获得技术效果而需有的商品形状或者使商品具有实质性价值的形状,不得注册。

(5) 就相同或者类似商品申请注册的商标是复制、摹仿或者翻译他人未在中国注册的驰名商标,容易导致混淆的,不予注册并禁止使用。

(6) 就不相同或者不相类似商品申请注册的商标是复制、摹仿或者翻译他人已经在中国注册的驰名商标,误导公众,致使该驰名商标注册人的利益可能受到损害的,不予注册并禁止使用。

(四) 商标注册的程序

1. 提交申请

商标注册申请是取得商标专用权的必经程序。在我国,申请手续可由当事人自己办理,也可委托他人办理。但对于申请人是外国人或外国企业的，则应当按其所属国和中国签订的协议或者共同参加的国际条约办理，或者按对等原则办理。此外，外国人或者外国企业在中国申请商标注册和办理其他商标事宜的，应当委托国家认可的具有商标代理资格的组织代理。

2. 进行审查

我国对申请注册的商标实行审查制度，即对申请注册的商标不仅要进行形式审查，而且要进行实质审查。形式审查，是指审查该商标注册申请的文件和手续是否符合法定条件，以确定对商标注册申请是否受理的行为。实质审查，是指对申请注册的商标实体内容和条件进行审查的行为。

3. 初审

商标注册机关对申请注册的商标，依据《商标法》进行实质审查后，凡符合《商标法》有关规定并具有显著特征的商标，予以初步审定。

4. 公告

对初步审定的商标，自公告之日起3个月内，没有人提出异议或者经裁定异议不能成立的，商标注册机关给予核准注册，发给商标注册证，并予以公告。商标注册证是商标注册人在法律上取得商标专用权的证明文件。

（五）注册商标权

注册商标权的内容，主要是指注册商标权人依法对其注册商标所享有的权利。注册商标权主要有注册商标专用权、转让权、使用许可权、续展权和投资权等。

1. 注册商标专用权

注册商标专用权，以核准注册的商标和核定使用的商品为限。

有下列行为之一的，均属侵犯注册商标专用权：

（1）未经商标注册人的许可，在同一种商品上使用与其注册商标相同的商标的。

（2）未经商标注册人的许可，在同一种商品上使用与其注册商标近似的商标，或者在类似商品上使用与其注册商标相同或者近似的商标，容易导致混淆的。

（3）销售侵犯注册商标专用权的商品的。

（4）伪造、擅自制造他人注册商标标识或者销售伪造、擅自制造的注册商标标识的。

（5）未经商标注册人同意，更换其注册商标并将该更换商标的商品又投入市场的。

（6）故意为侵犯他人商标专用权行为提供便利条件，帮助他人实施侵犯商标专用权行为的。

（7）给他人的注册商标专用权造成其他损害的。

2. 注册商标转让权

注册商标转让权，是指商标专用权人依法享有将其注册商标转让给他人并获取报酬的权利。转让注册商标权时应注意以下几点：

（1）转让人和受让人应当签订转让协议，并共同向商标局提出申请。

（2）受让人应当保证使用该注册商标的商品质量。

（3）转让注册商标经核准后，予以公告。受让人自公告之日起享有商标专用权。

（4）注册商标的转让不影响转让前已经生效的商标使用许可合同的效力，但商标使用许可合同另有约定的除外。

3. 注册商标使用许可权

注册商标使用许可权，是指注册商标专用权人依法享有将其注册商标许可他人使用并获取报酬的权利。注册商标使用许可时应注意：商标注册人许可他人使用其注册商标时，许可人应当监督被许可人使用其注册商标的商品质量；被许可人应当保证使用该注册商标的商品质量；使用该注册商标的商品必须标明被许可人的名称和商品产地。

（六）商标权使用的地域限制和时间限制

1. 商标权使用的地域限制

商标权的法律保护有着地域特点。依照一国商标法所获得的商标权，只有在该国法律保护的范围内才享有专用权。除缔结或参加的国际条约另有规定外，商标权没有域外效力，一国对他国商标的专用权没有保护义务。

2. 商标权使用的时间限制

商标注册人对注册商标享有专用权，但保护时间存在特别规定。注册商标的有效期为10年，自核准注册之日起计算。注册商标有效期满，需要继续使用的，应当在期满前6个月内申请续展注册；在此期间未能提出申请的，可以给予6个月的宽展期。宽展期满仍未提出申请的，注销其注册商标。每次续展注册的有效期为10年。

（七）驰名商标的特别保护

中国驰名商标是指经过有权机关依照法律程序认定为驰名商标的商标。其含义可以概括为在中国为相关公众广为知晓并享有较高声誉的商标。对驰名商标的保护不仅仅局限于相同或者类似商品或服务，就是不相同或不相类似的商品申请注册或者使用时，都将不予注册并禁止使用，因此驰名商标被赋予了比较广泛的排他性权利。持有驰名商标的企业的公司名以及网址域名都会受到不同于普通商标的格外法律保护。

（八）侵犯商标权的法律责任

商标侵权行为应当承担法律责任。依据《商标法》的规定，商标侵权责任可以分为三类：民事责任、行政责任和刑事责任。

（九）商标纠纷的解决方式

商标纠纷包括商标侵权行为纠纷和商标合同纠纷。商标注册人或利害关系人可以依法通过下列方式处理商标纠纷：

1. 自行协商和解

当事人可以协商解决商标纠纷。

2. 请求行政处理

对于商标纠纷，当事人不愿协商或者协商不成的，商标注册人或者利害关系人可以请求国家市场监督管理部门处理。

3. 提起诉讼

对商标纠纷处理决定不服的，当事人可以向人民法院起诉；到期侵权人不起诉又不履行的，市场监督管理部门可以申请人民法院强制执行。市场监督管理部门根据当事人的请求，可以就纠纷事项进行调解；调解不成的，当事人可以向人民法院起诉。

三、专利法

（一）专利与专利权

专利原指由国家政府授予某项可公开的发明创造的垄断权。专利权是指一项发明创造经依法审查后，由国家专利管理机关向专利申请人授予的专有权。

（二）专利法

1. 专利法的概念

专利法，是指调整因确认、保护和行使发明创造专利权而产生的社会关系的法律规范的总称。

2. 立法情况

1984年3月12日，《专利法》在第六届全国人民代表大会常务委员会第四次会议上通过并予以施行。1992年、2000年和2008年，我国先后三次对《专利法》及相关法律进行了修正。

3.《专利法》的主要内容

《专利法》的主要内容有：专利法的基本原则，授予专利权的条件，专利的申请、审查与批准，专利权的期限、终止与无效，专利实施的强制许可和专利权的保护等。

（三）专利权的内容

专利权的内容是指专利权人依法取得专利后享有的权利。其主要有专利专用权、转让权、许可权、标记权等。其中，专利专有权是基本和核心的权利，其他都是从专利专有权中派生出来的权利。

1. 专利专用权

专利专用权是指专利权人在专利有效期限内享有独占制造、使用和销售专利产品或者使用专利方法的权利。发明和实用新型专利权被授予后，任何单位或者个人未经专利权人许可，都不得实施其专利，即不得为生产经营目的制造、使用、许诺销售、销售、进口其专利产品，或者使用其专利方法以及使用、许诺销售、销售、进口依照该专利方法直接获得的产品；外观设计专利权被授予后，任何单位或者个人未经专利权人许可，都不得实施其专利，即不得为生产经营目的制造、销售、进口其外观设计专利产品。

2. 专利转让权

专利转让权是指专利权人享有将其专利申请权或者专利权依法转让给他人并获取报酬的权利。专利转让须满足以下条件：

（1）中国单位或者个人向外国人转让专利申请权或者专利权的，必须经国务院有关主管部门批准；

（2）转让专利权时，双方须订立书面合同，并向国务院专利行政部门登记，由国务院专利行政部门予以公告。专利申请权或者专利权的转让自登记之日起生效。

3. 专利许可权

专利许可权是指专利权人享有依法许可他人实施其专利，并收取专利使用费的权利。任何单位或者个人实施他人专利的，应当与专利权人订立书面专利实施许可合同，向专利权人支付专利使用费。被许可人无权允许合同规定以外的任何单位或者个人实施该专利。

4. 专利标记权

专利标记权是指专利权人享有在专利产品或者该产品的包装上标明专利标记和专利号的权利。

（四）专利权的主体

专利权的主体，是指对一项发明创造享有署名权、提出专利申请或拥有专利权利的自然人、法人和其他组织。专利权的主体包括以下三种类型：

1. 非职务发明创造的发明人或设计人

非职务发明创造，是指不是执行本单位的任务，也未利用本单位的物质技术条件，或者虽然利用了本单位的物质技术条件，但依事先约定要返还资金或者使用费所完成的发明创造。《专利法》规定，非职务发明创造的专利申请权属于发明人或者设计人；申请被批准后，该发明人或者设计人为专利权人。利用本单位的物质技术条件所完成的发明创造，单位与发明人或者设计人订有合同，对申请专利的权利和专利权的归属作出约定的，从其约定。

2. 合作发明创造或委托发明创造的共同发明人和共同设计人

合作发明创造也称共同发明创造。两个以上单位或者个人合作完成的发明创造、一个单位或者个人接受其他单位或者个人委托所完成的发明创造，除另有协议的以外，申请专利的权利属于完成或者共同完成的单位或者个人；申请被批准后，申请的单位或者个人为专利权人。

3. 职务发明创造的单位

职务发明创造，是指职工在执行本单位的任务或者主要是利用本单位的物质技术条件所完成的发明创造。其中，所谓执行本单位的任务所完成的发明创造应当包括以下几种：

（1）在本职务工作职责中作出的发明创造。

（2）履行本单位交付的本职工作之外的任务所作出的发明创造。

（3）退职、退休或调动工作后 1 年内所作出的，与其在原单位承担的本职工作或分配的任务有关的发明创造。

所谓本单位的物质条件，是指本单位的资金、设备、零部件、原材料或不向外公开的技术资料等。《专利法》规定，职务发明创造申请专利的权利属于该单位，申请被批准后，该单位为专利权人。

(4) 其他人。比如专利继承人和外国人等，参照《专利法》有关条款规定。

(五) 专利权的客体

专利权的客体，就是专利法所保护的对象。专利法所规定的保护对象包括发明、实用新型和外观设计三种类型。

1. 发明

发明，是指人们利用自然规律对产品、方法或者其改进所提出的新的技术方案。发明是各国专利法保护的主要对象，其表现形式多种多样，如产品发明、方法发明、物质发明、首创发明、改进发明、组合发明等。

2. 实用新型

实用新型，是指对产品的形状、构造或者其结合所作出的适于实用的新技术方案。在专利申请中，大多数发明创造是实用新型。

3. 外观设计

外观设计是指对产品的形状、图案、色彩或者其结合所作出的富有美感并适于工业应用的新设计。

(六) 授予专利权的条件

各国专利法对发明创造授予专利权有明确的规定。只有符合法律规定条件的发明创造，经专利申请和审核后才可能授予专利权。

1. 授予发明和实用新型专利的条件

《专利法》规定，授予专利权的发明和实用新型，应当具备新颖性、创造性和实用性。

新颖性，是指除法律另有规定外，在申请日以前没有同样的发明或者实用新型在国内外出版物上公开发表过、在国内公开使用过或者以其他方式为公众所知，也没有同样的发明或者实用新型由他人向国务院专利管理机关提出过申请并且记载在申请日以后公布的专利申请文件中。

创造性，是指同申请日以前已有的技术相比，该发明有突出的实质性特点和显著的进步，该实用新型有实质性特点和进步。

实用性，是指该发明或者实用新型能够制造或者使用，并且能够产生积极效果。

2. 授予外观设计专利的条件

《专利法》规定，授予专利权的外观设计，应当同申请日以前在国内外出版物上公开发表过或者国内公开使用过的外观设计不相同和不相近似，并不得与他人在申请日之前已经取得的合法权利相冲突。

（七）专利权的审批

为了获得一项发明创造的专利权，当事人应依法向专利机关提出专利申请。

1. 专利申请的原则

（1）单一性原则。即一件发明或实用新型专利申请应当限于一项发明或实用新型；一件外观设计专利申请应当限于一种产品所使用的一项外观设计。

（2）申请在先原则。即两个以上的申请人分别就同样的发明创造申请专利的，专利权授予最先申请的人。

（3）优先权原则。它是指申请人首次提出专利申请后，在法定期限内又向其他成员国提出申请时，申请人有权要求以第一次申请的日期作为后来申请的日期。

2. 专利申请

申请专利必须提交书面的申请文件。《专利法》对申请文件的种类、内容和格式有严格的规定。

（1）申请发明或者实用新型专利应提交的文件。

《专利法》规定，申请发明或者实用新型专利的，应当提交请求书、说明书及其摘要和权利要求书等文件。其中，请求书应当写明发明或者实用新型的名称，发明人或者设计人的姓名，申请人姓名或者名称、地址，以及其他事项。说明书应当对发明或者实用新型作出清楚、完整的说明，以所属技术领域的技术人员能够实现为准；必要的时候，应当有附图。摘要应当简要说明发明或者实用新型的技术要点。权利要求书应当以说明书为依据，说明要求专利保护的范围。

（2）申请外观设计专利应提交的文件。

由于外观设计是对产品形状、图案、色彩或者其结合所给予的法律保护，所以申请外观设计专利时应当提交请求书和外观设计的图片或照片以及简要说明。

3. 专利审批

专利管理机关对发明创造的专利申请，分不同类型按照不同程序进行分别审批。对于实用新型或外观设计的专利申请，专利管理机关在受理申请案后便进行初步审查，没有发现驳回理由的，专利管理机关应当作出授予实用新型专利权或者外观设计专利权的决定，发给相应的专利证书，并予以登记和公告。

发明专利的审批，具有以下四个步骤：

（1）初步审查，即形式审查，主要审查发明专利的申请是否符合《专利法》有关形式方面的要求。

（2）早期公开。符合要求的申请将在申请日起第 18 个月后被公之于众。

（3）实质审查。它是指专利管理机关依法对申请专利的发明是否具有新颖性、创造性和实用性等条件进行审查。在申请日起 3 年内，申请人都可以向专利管理机关提出实质审查的请求。申请人无正当理由逾期不请求实质审查的，该申请被视为撤回。在 3 年期限内，专利管理机关认为必要时，也可以自行对发明专利申请进行实质审查。

（4）授予发明专利权。专利管理机关对符合法律要求的申请案授予专利，并予以登记和公告。

（八）专利权保护的时间限制

专利权人对发明创造享有专有权并非永远，而是有期限的。专利权期限届满时，发明创造就进入公共领域，任何人都可以无偿许可并无偿地使用。《专利法》规定，发明专利权的期限是 20 年，实用新型和外观设计专利权的期限是 10 年，均自申请日起计算。届满不能延期。

> **课堂讨论 5－2**
>
> 为什么发明专利权的保护期限是 20 年？
>
>
>
> 课堂讨论答案（5－2）

（九）侵犯专利权的行为

侵犯专利权的行为具体表现在以下几个方面：

1. 未经专利权人许可实施其专利的行为

（1）未经专利权人许可制造专利产品。

（2）未经专利权人许可故意使用专利产品。

（3）未经专利权人许可销售专利产品。

（4）未经专利权人许可使用其专利方法以及使用、销售依照该专利方法直接获得的产品。

（5）未经专利权人许可制造、销售外观设计专利产品。

（6）未经专利权人许可进口专利产品或进口依照专利方法直接获得的产品。

2. 假冒或冒充其专利的行为

（1）未经专利权人许可标明专利权人的专利标记或专利号的假冒行为。

（2）将非专利产品或者方法冒充为专利产品或者方法的冒充行为。

（十）不视为侵犯专利权的行为

（1）专利权人制造、进口或者经专利权人许可而制造、进口的专利产品或者依照专利方法直接获得的产品售出后，使用、许诺销售或者销售该产品的。

（2）在专利申请日前已经制造相同产品、使用相同方法或者已经做好制造、使用的必要准备，并且仅在原有范围内继续制造、使用的。

（3）临时通过中国领陆、领水、领空的外国运输工具，依照其所属国同中国签订的协议或者共同参加的国际条约，或者依照互惠原则，为运输工具自身需要而在其装置和设备中使用有关专利的。

（4）专为科学研究和实验而使用有关专利的。

（5）为生产经营目的使用或者销售不知道是未经专利权人许可而制造并售出的专利产

品或者依照专利方法直接获得的产品,能证明其产品有合法来源的,不承担赔偿责任。

(6) 有超过《专利法》对专利权保护范围、保护时间或保护地域的情形之一。

(7) 不符合授予专利权的法定条件,经依法主张并认定专利无效的。

(8) 超过诉讼时效的。侵犯专利权的诉讼时效为2年,自专利权人或者利害关系人知道或者应当知道侵权行为之日起计算。超过诉讼时效的,专利权人的诉讼请求不能获得法院的支持。

(十一) 专利纠纷的解决

1. 双方自愿协商解决

2. 请求行政机关处理

当事人不愿协商或者协商不成的,可以请求专利管理机关处理。

3. 提起诉讼程序

当事人对专利侵权纠纷行政处理决定不服的,可以自收到处理通知之日起15日内向人民法院起诉;侵权人期满不起诉又不停止侵权行为的,专利管理机关可以申请人民法院强制执行。

在处理侵犯专利权的赔偿数额时,专利管理机关应当事人的请求可以进行调解;调解不成的,当事人可以向人民法院起诉。

> **案例讨论 5-2** (此案例为思政元素)
>
> 2020年年初,某交通大学建筑工程科研所主任杨丽应当地建筑公司的邀请,同意帮助其研究有关土建工程技术问题。当时,杨丽还主管后勤工作。同年暑假,杨丽在该大学实验室内利用工具和设施,经过数十次的实验和测试,完成了"钻孔压浆成桩法"的发明创造。此后,杨丽对该项发明创造向中国专利机关申请了非职务发明专利,并于2021年4月获得了专利权。某交通大学认为该项发明应属于职务发明,专利权归属有误。
>
> 案例思考题:
> (1) 杨丽作为发明人是否有权申请专利保护?
> (2) 该项发明创造是职务发明创造还是非职务发明创造?
>
> 案例讨论答案(5-2)
>
> (案例来源:中国法院网,案例经编者加工整理)

项目五补充案例

一、同步练习

1. 填空题

(1)《产品质量法》规定,产品是经过_____、_____、_____的产品。

(2) 自愿注册,是指_____。

(3) 专利权的主体包括_____、_____、_____三种类型。

(4) 合作发明创造也称_____。

2. 选择题

(1) 生产者能够证明下列哪些情形的,不用承担赔偿责任?(   )

A. 未将产品投入流通的

B. 产品投入流通时,引起损害的缺陷尚不存在

C. 生产者将产品投入流通时的科学技术水平尚不能发现缺陷存在的

D. 以上都是

(2) 优先权原则,是指申请人第一次在《巴黎公约》成员国就一件商标提出注册申请后_____内,又向其他成员国提出同样的申请,则其他成员国必须以其第一次申请日为有效申请日期,任何第三人就同一商标提出申请时都不影响其权利的获得。(   )

A. 3 个月　　B. 6 个月　　C. 9 个月　　D. 12 个月

(3) 发明专利权的保护期限是_____年。(   )

A. 10　　B. 20　　C. 30　　D. 50

(4) 专利审批时,符合要求的申请将在申请日起第_____个月被公之于众。(   )

A. 6　　B. 12　　C. 18　　D. 24

3. 判断题

(1) 军工产品不适用于《产品质量法》的规定。(   )

(2) 按商标的使用者分类,商标可分为产品商标、服务商标和集体商标。(   )

(3) 根据《专利法》的规定,未经专利权人许可,以营利为目的实施其专利或者假冒其专利,属于专利侵权行为。根据侵权行为性质的不同,侵权人承担的法律责任有民事责任和刑事责任。(   )

(4)《专利法》规定,授予专利权的发明和实用新型,应当具备新颖性、创造性和实用性。其中,新颖性是指除法律另有规定外,在申请日以前没有同样的发明或者实用新型在国内外出版物上公开发表过、在国内公开使用过或者以其他方式为公众所知,也没有同样的发明或者实用新型由他人向国务院专利管理机关提出过申请并且记载在申请日以后公布的专利申请文件中。(   )

4. 问答题

(1) 我国产品质量监督体制有哪些?

(2) 损害赔偿责任的构成要件有哪些？
(3) 工业产权是一种无形财产权，它具有哪些法律特征？
(4) 专利与专利权有何不同？

二、案例分析与应用

项目五同步练习答案

案例一：四川省成都市有一家挂面生产厂，其生产的挂面深受当地消费者的喜爱。为了与其他生产者的产品相区别，其在挂面上印有"长寿"字样及寿仙图样，意思是"吃了长寿面，人人健康长寿"。同时，该厂向国家商标管理机关申请"长寿"注册商标，期望获得商标专用权。

案例思考题：该商标能否获得国家商标管理机关的核准注册？为什么？

案例二：2019年6月，黄发向中国专利机关递交了一份发明创造的专利申请。三个月后，收到了专利管理机关的意见通知书："据查，2020年5月的美国专利文献中记载了与黄发相同的发明，其发明创造不具有新颖性。因此，驳回专利申请。"黄发认为，自己不懂外文，从未查阅和参照美国的专利文献，其发明完全是自己辛苦研究的科研成果，对专利管理机关驳回自己的专利申请深感困惑。

案例思考题：
(1) 依据《专利法》的规定，专利管理机关的意见通知书是否合法？
(2) 对驳回专利申请不服，黄发应怎么办？

案例分析与应用答案

三、实务操作训练

请从上面的两个案例中抽取一个案例进行法庭模拟，以小组形式扮演不同的角色，当堂进行法庭辩论，分组讨论并形成法庭判决书，老师参照学生表现情况进行评分。

项目六

营销价格法律

> **名人警句**
>
> 法律不是保护崇高,而是保护一般。

知识目标

1. 了解价格法的概念、价格违法责任。
2. 了解经营者的价格权利与义务。
3. 掌握价格法规定的不当价格行为。

技能目标

1. 培养学生对价格违法行为的识别能力。
2. 培养学生树立正确的商品价格理念。

项目六　营销价格法律

知识导图

营销价格法律 ── 产品价格法律 ┬ 价格法概述
　　　　　　　　　　　　　　├ 经营者的价格权利与义务
　　　　　　　　　　　　　　├ 经营者不正当的价格行为
　　　　　　　　　　　　　　├ 政府的定价行为
　　　　　　　　　　　　　　├ 价格总水平调控
　　　　　　　　　　　　　　├ 价格监督检查
　　　　　　　　　　　　　　└ 法律责任

应用案例

原告：成某、江某、龚某。被告：某订票网站官网。

成某诉称：原告三人计划于2018年7月8日前往温哥华。原告成某2018年4月22日下午到被告官网订购三人2018年7月8日从北京到温哥华的机票，查到当时被告网站显示的航班票价为3 140元，但经原告多次尝试，都因被告网站预订页面"地址一栏"无法输入而无法完成订票。原告无奈选择以电话方式订购2018年7月8日北京至温哥华同航班机票，电话订票客服说其无法看到票价为3 140元的机票，只有票价为4 070元的机票，并告知原告如果网站无法预定，说明已经没有票了，反之就有票。被告客服人员的话，让原告以为被告内网更新比外网快，而无奈选择以电话方式订购2018年7月8日北京至温哥华的两张成人票和一张儿童票。订购完成后，原告再次登录网站查看，依旧显示原告订购的同航班的票价为3 140元的机票有余票。原告致电询问被告客服，被告客服称原告只可以订一张票价为3 140元的机票，如果三人共同订的话，只能以4 070元的票价订购。之后，原告多次在被告网站上查询，发现有的时候3 140元价格的机票有两张，有的时候不知道有几张，且订购一人的机票时依旧出现某个必选项无法输入的情况，造成订票无法完成。原告认为被告存在价格欺诈问题，反复与被告进行交涉，要求退还票价差价，被告未对该问题给出任何答复。2018年7月7日到8日，在不足24小时内，被告客服三次要求原告更改航班时间，而且更改之后原告无法安排出行，原告无奈只能选择退票。

案例思考题：
(1) 被告对原告机票价格的告知属于价格欺诈吗？
(2) 被告应对原告进行赔偿吗？

应用案例答案

（案例来源：中国司法案例网，案例经编者加工整理）

模块　产品价格法律

> **学习要点**
> 1. 了解价格法的概念、价格违法责任。
> 2. 熟悉经营者的价格权利与义务。
> 3. 掌握价格法规定的不当价格行为。
> 3. 了解不当价格行为应承担的法律责任。

导读案例（此案例为思政元素）

原告单某诉称于2018年8月26日在被告经营的某网店购买某佳超高清65寸液晶电视智能网络平板5860电视，订单编号：226181660460×××。购买时某佳成都分公司对其电视价格7 699元画横线，标示促销价5 999元，并且注明"仅限今天"。原告见电视机一台可以优惠1 700元，并且该促销价"仅限今天"，于是购买了四台电视机共消费23 996元。之后原告发现某佳成都分公司长期在销售该商品时标示促销价5 999元"仅限今天"，这时原告认识到被商家的标价行为所欺骗。原告认为，某佳成都分公司连续多日对同一价格标示促销价"仅限今天"的标价形式，让消费者误认为次日促销价将结束，以此来诱导他人与其交易。

案例思考题：
(1) 被告的行为是否属于价格欺诈？
(2) 被告应该依法承担什么责任？

导读案例答案

（案例来源：中国司法案例网，案例经编者加工整理）

一、价格法概述

（一）价格

1. 价格的含义

价格是商品价值的货币表现。

2. 价格的内容

价格法所指的价格包括商品价格和服务价格。

(1) 商品价格是指各类有形产品和无形资产的价格，其中，有形产品是指消费品和生产资料等；无形资产是指长期使用而没有实物形态的资产，包括专利权、非专利权、商标权、著作权、土地使用权、商誉等。

(2) 服务价格是指各类有偿服务的收费，即以一定的设备、工具和服务性劳动，为消费者或经营者提供某种服务所收取的费用。

（二）价格法

价格法是调整价格的制定、执行和监督检查管理中发生的经济关系的法律规范的总称。为了规范价格行为，发挥价格合理配置资源的作用，稳定市场价格总水平，保护消费者和经营者的合法权益，促进社会主义市场经济健康发展，我国制定了《中华人民共和国价格法》（以下简称《价格法》）。

（三）价格的形式

我国实行并逐步完善宏观经济调控下主要由市场形成价格的机制。价格的制定应当符合价值规律，大多数商品和服务价格实行市场调节价，极少数商品和服务价格实行政府指导价或者政府定价，即我国有市场调节价、政府指导价及政府定价三种价格形式。

（1）市场调节价是指由经营者自主制定，通过市场竞争形成的价格。这里所称的经营者是指从事生产、经营商品或提供有偿服务的法人、其他组织和个人。

（2）政府指导价是指由政府价格主管部门或其他有关部门，按照定价权限和范围规定基准价及其浮动幅度，指导经营者制定的价格。

（3）政府定价是指由政府价格主管部门或其他有关部门，按照定价权限和范围制定的价格。

教学视频

二、经营者的价格权利与义务

受市场供求规律的影响，企业根据供求关系的变动而制定相应的价格，实行市场调节价，极少数商品和服务的价格实行政府指导价或政府定价。在我国，除不适宜竞争的垄断性强的及对社会稳定和经济长期发展有重大影响的极少数商品和服务仍实行政府指导价、政府定价外，其他绝大多数商品和服务都实行市场调节价，由经营者自主定价。

经营者自主定价的基本依据是其生产经营成本和市场供求状况。经营者在自主定价时既享有一定的价格权利，也承担着一定的价格义务，具体表现如下：

1. 经营者的价格权利

经营者的价格权利是指法律法规对经营者能够作出或不能作出一定的价格行为，以及要求他人作出或不作出一定价格行为的许可与保障。按照《价格法》的规定，经营者的价格权利主要有以下四项：

（1）自主制定属于市场调节价的商品和服务的价格的权利。

（2）在政府指导价规定的幅度内制定价格的权利。

（3）除特定产品外，制定属于政府指导价、政府定价产品范围内的新产品的试销价格的权利。

（4）检举、控告侵犯其依法自主定价权利的行为。

2. 经营者的价格义务

经营者的价格义务是指经营者进行价格活动时应负有的义务，主要包含以下几个方面：

（1）遵守相关法律、法规的规定，执行依法制定的政府指导价、政府定价等的法定干预措施。

（2）按照政府价格主管部门的规定明码标价，明确标明商品的品名、产地、规格、等级、计价单位、价格或者服务的项目、收费标准等相关要素。

（3）不得在标价之外加价出售商品，不得收取任何未予标明的费用。

三、经营者不正当的价格行为

经营者在日常的经营活动中，应杜绝一切不正当的价格行为，经营者不正当的价格行为主要有以下几种：

（1）除依法降价处理鲜活商品、季节性商品、积压商品等情形外，为达到排挤竞争对手或者独占市场的目的，以明显低于成本的价格进行商品或服务的倾销活动，扰乱国家和社会正常的生产经营秩序，损害国家利益或者其他经营者的合法权益。

（2）经营者相互串通，操纵市场价格，损害其他经营者或者消费者的合法权益。

（3）利用虚假的或者容易使人误解的信息或价格手段，诱骗消费者或者其他经营者与其进行交易。

（4）捏造、散布涨价信息，哄抬价格。

（5）采取抬高等级或者压低等级等手段收购、销售商品或者提供服务，变相提高销售价格或者压低收购价格。

（6）违反法律、法规的相关规定非法牟取暴利。

> **课堂讨论**
>
> 政府定价与政府指导价的区别是什么？
>
>
> 课堂讨论答案

四、政府的定价行为

（一）定价部门

《价格法》第19条规定，政府指导价、政府定价的定价权限和具体适用范围，以中央的和地方的定价目录为依据。

（1）中央定价目录由国务院价格主管部门制定、修订，报国务院批准后公布。

（2）地方定价目录由省、自治区、直辖市人民政府价格主管部门按照中央定价目录规定的定价权限和具体适用范围制定，经本级人民政府审核同意，报国务院价格主管部门审定后公布。

（3）省、自治区、直辖市人民政府以下各级地方人民政府不得制定定价目录。

（4）国务院价格主管部门和其他有关部门，按照中央定价目录规定的定价权限和具体适用范围制定政府指导价、政府定价；其中重要的商品和服务的政府指导价、政府定价，应当按照规定经国务院批准。

（5）省、自治区、直辖市人民政府价格主管部门和其他有关部门，应当按照地方定价目录规定的定价权限和具体适用范围制定在本地区执行的政府指导价、政府定价。

（6）市、县人民政府可以根据省、自治区、直辖市人民政府的授权，按照地方定价目录规定的定价权限和具体适用范围制定在本地区执行的政府指导价、政府定价。

（二）政府定价商品

下列商品和服务价格，政府在必要时可以实行政府指导价或者政府定价：
（1）与国民经济发展和人民生活关系重大的极少数商品价格。
（2）资源稀缺的少数商品价格。
（3）自然垄断经营的商品价格。
（4）重要的公用事业价格。
（5）重要的公益性服务价格。

（三）政府定价原则

（1）制定政府指导价、政府定价，应当依据有关商品或者服务的社会平均成本和市场供求状况、国民经济与社会发展要求以及社会承受能力，实行合理的购销差价、批零差价、地区差价和季节差价。

（2）政府价格主管部门和其他有关部门制定政府指导价、政府定价，应当开展价格、成本调查，听取消费者、经营者和有关方面的意见。

（3）政府指导价、政府定价制定后，由制定价格的部门向消费者、经营者公布。

五、价格总水平调控

稳定市场价格总水平是国家重要的宏观经济政策目标。国家根据国民经济发展的需要和社会承受能力，确定市场价格总水平调控目标，列入国民经济和社会发展计划，并综合运用货币、财政、投资、进出口等方面的政策和措施，予以实现。

政府可以建立重要商品储备制度，设立价格调节基金，调控价格，稳定市场。

为适应价格调控和管理的需要，政府价格主管部门应当建立价格监测制度，对重要商品、服务价格的变动进行监测。

（1）政府在粮食等重要农产品的市场购买价格过低时，可以在收购中实行保护价格，并采取相应的经济措施保证其实现。

（2）当重要商品和服务的价格显著上涨或者有可能显著上涨时，国务院和省、自治区、直辖市人民政府可以对部分价格采取限定差价率或者利润率、规定限价、实行提价申报制度和调价备案制度等干预措施。

六、价格监督检查

县级以上各级人民政府价格主管部门，依法对价格活动进行监督检查，并依照《价格法》的规定对价格违法行为实施行政处罚。

1. 政府价格主管部门的价格监督权限

（1）询问当事人或者有关人员，并要求其提供证明材料和与价格违法行为有关的其他资料。

（2）查询、复制与价格违法行为有关的账簿、单据、凭证、文件及其他资料，核对与价格违法行为有关的银行资料。

（3）检查与价格违法行为有关的财物，必要时可以责令当事人暂停相关营业。

（4）在证据可能灭失或者以后难以取得的情况下，可以依法先行登记保存，当事人或者有关人员不得转移、隐匿或者销毁证据。

2. 经营者接受价格监督的义务

经营者接受政府价格主管部门的监督检查时，应当如实提供价格监督检查所必需的账簿、单据、凭证、文件以及其他资料。

3. 政府价格主管部门价格监督的义务

政府价格主管部门的工作人员不得将依法取得的资料或者了解的情况用于依法进行价格管理以外的任何其他目的，不得泄露当事人的商业秘密。

4. 社会价格监督

消费者组织、职工价格监督组织、居民委员会、村民委员会等组织以及消费者，有权对价格行为进行社会监督。政府价格主管部门应当充分发挥群众的价格监督作用。

新闻单位有权进行价格舆论监督。

任何单位和个人均有权对价格违法行为进行举报。政府价格主管部门应当对举报者给予鼓励，并负责为举报者保密。

七、法律责任

（一）经营者的价格法律责任

经营者不执行政府指导价、政府定价以及法定的价格干预措施、紧急措施的，责令改正，没收违法所得，可以并处违法所得 5 倍以下的罚款；没有违法所得的，可以处以罚款；情节严重的，责令停业整顿；或者由市场监督管理机关吊销营业执照。

经营者因价格违法行为致使消费者或者其他经营者多付价款的，应当退还多付部分；造成损害的，应当依法承担赔偿责任。

经营者违反明码标价规定的，责令改正，没收违法所得，可以并处 5 000 元以下的罚款。

经营者被责令暂停相关营业而不停止的，或者转移、隐匿、销毁依法登记保存的财物的，处相关营业所得或者转移、隐匿、销毁的财物价值 1 倍以上 3 倍以下的罚款。

拒绝按照规定提供监督检查所需资料或者提供虚假资料的，责令改正，予以警告；逾期不改正的，可以处以罚款。

（二）行政部门及其工作人员的价格法律责任

地方各级人民政府或者各级人民政府有关部门违反《价格法》的规定，超越定价权限和范围擅自制定、调整价格或者不执行法定的价格干预措施、紧急措施的，责令改正，并可以通报批评；对直接负责的主管人员和其他直接责任人员，依法给予行政处分。

价格工作人员泄露国家秘密、商业秘密以及滥用职权、徇私舞弊、玩忽职守、索贿受贿，构成犯罪的，依法追究刑事责任；尚不构成犯罪的，依法给予处分。

> **案例讨论**（此案例为思政元素）
>
> 2018年2月27日，某市一位消费者举报，一家西饼屋在某网站发布促销广告，宣称"原价39元1盒的遍地笙歌月饼，4.8折促销，每盒节省20元"，数百名消费者参与了团购。但经物价部门检查发现，这款原价39元的月饼在打折前并没有实际销售过。
>
> 案例思考题：该西饼屋的行为是否构成价格欺诈行为？

案例讨论答案

课后习题

一、同步练习

1. 填空题

（1）价格是_____的货币表现。

（2）市场调节价是指_____。

（3）《价格法》第28条规定，为适应价格调控和管理的需要，政府价格主管部门应当建立_____，对重要商品、服务价格的变动进行监测。

2. 选择题

（1）_____，政府在必要时可以实行政府指导价或者政府定价。（　　）

A. 资源稀缺的少数商品价格　　B. 不重要的公用事业价格

C. 不重要的公益性服务价格　　D. 以上都是

（2）《价格法》自_____施行。（　　）

A. 1997年12月29日　　B. 1998年5月1日

C. 1999年12月1日　　D. 2000年5月1日

（3）《价格法》是全国人民代表大会常务委员会审议通过的_____。（　　）

A. 法律　　B. 法规　　C. 规章　　D. 规范性文件

3. 判断题

(1) 目前，中国大多数商品和服务的价格实行市场调节价，极少数商品和服务的价格实行政府指导价和政府定价。（ ）

(2) 经营者自主定价的基本依据是其产品购买成本和市场供求状况。（ ）

(3) 《价格法》第 19 条规定，政府指导价、政府定价的定价权限和具体适用范围，以中央和地方的定价目录为依据。（ ）

4. 问答题

(1) 中国的价格形式共分为几类？

(2) 经营者的价格权利有哪些？

(3) 经营者的不正当价格行为有哪些？

项目六同步练习答案

二、案例分析与应用

物价部门于 2018 年 7 月 14 日对青岛平民阳光大药房连锁有限公司一分店依法进行检查。经查，发现该分店销售的部分商品存在不按规定的内容和方式明码标价问题。物价部门向该分店下达了《责令改正通知书》，责令其在规定的期限内改正上述价格违法行为。2018 年 8 月 9 日，检查人员再次对该分店进行复查，发现其销售的部分商品仍然未整改，存在不按规定的内容和方式明码标价的问题。

案例思考题：该分店违反了什么法律？消费者应如何维护自己的权益？

案例分析与应用答案

三、实务操作训练

(1) 以小组的形式，做一个有关企业价格方面的市场调查。对学生所在地方的某一超市进行实地观察并记录该超市在经营中的价格违法行为。

(2) 对记录的价格违法行为进行讨论。

(3) 小组总结，并相互汇报学习。

(4) 老师对各小组进行评分。

项目七

营销渠道法律

> **名人警句**
>
> 法律的基本原则是为人诚实,不损害他人,给予每个人他应得的部分。

知识目标

1. 掌握直销管理条例相关知识。
2. 了解禁止传销条例相关知识。

技能目标

1. 培养学生识别直销与传销的能力。
2. 培养学生处理直销纠纷的能力。

知识导图

营销渠道法律 — 直销与传销法 — 直销管理条例 / 禁止传销条例

 **应用案例**

2019年9月，莆田市市场监管综合行政执法支队执法人员根据省市场监管局反垄断处交办的案件线索，依法对群众反映的福建某搜索互动公司的"葡萄浏览器"进行检查，发现当事人涉嫌存在组织传销行为，当事人的行为涉嫌违反《禁止传销条例》的相关规定，遂予以立案调查。

经查，当事人主要通过购物返现、推广佣金的方式吸引消费者注册会员并通过自营的浏览器登录与其合作的电商平台和自营商城购物，根据会员购买商品的消费情况与平台结算佣金，每月将赚取佣金的一部分用于发放会员的购物优惠返现、推广佣金以及部分会员分红。

当事人以享有更高的购物优惠返现和推广佣金，且可直接获取150元佣金，吸引VIP会员发展下线的普通会员去购买当事人指定的800元VIP礼包，且VIP会员推荐VIP会员满10人后可晋升为合伙人会员，享有比VIP会员更高的购物优惠返现。当事人在组织传销期间发展VIP会员5 688人，经营额为455万元。

据了解，被莆田市市场监督管理局列入2020年度消费维权十大典型案例的，就有骗了很多中老年人的"葡萄浏览器"传销案。"葡萄浏览器"由福建某搜索互动公司于2014年开发。

2019年12月，有群众通过市场监管总局的留言咨询系统反映"葡萄浏览器"有非法集资以及传销套路的嫌疑。该群众称，"葡萄浏览器"说是福建某搜索互动公司自主研发的产品，是国家支持的企业，以报销部分商品金额，高价卖出产品。通过拉人交380元赠送产品来成为该浏览器的会员，从而获得在未上市之前的期权股，拉满1 000万人上市，交钱将期权股转为原始股获得分红。

案例思考题：从该案例中，你得到了什么启示？

应用案例答案

模块 直销与传销法

学习要点

1. 了解直销与传销，直销企业的设立及直销员的招募。
2. 熟悉直销活动与保证金等内容。
3. 掌握直销监督管理的要求。
4. 了解和熟悉一般传销行为。
5. 掌握传销的查处措施和应承担的法律责任。

> **导读案例** （此案例为思政元素）
>
> 2016年某日，大四毕业生李某与高中同学张某外出吃饭，张某利用其即将毕业，求职心切的心理，以介绍工作为名，将李某骗到某市一个偏僻乡村，以学习网络直销知识，参加入职考试为由限制李某行动，李某的电话也被控制，无法随意接打电话，并且有人跟随监视，此时李某意识到可能陷入了传销组织。当辅导员和李某宿舍同学发现其未按时返校时，数十次给李某打电话，发现其语气与往常有异，怀疑其可能遇到危险。一方面，辅导员严厉警告李某身边人员校方已报警，要求立刻送其安全回校；另一方面，辅导员通过李某家长联系了张某父系，说明了情况，张某父亲原先并不知道儿子进入传销组织，在得知事情真相后开始不断联系张某，要求他马上送李某回校，张某因家里压力产生动摇。加上李某回校意志坚定，不肯妥协，传销组织人员迫于压力不得不将李某送至火车站，放其回校。
>
> 案例思考题：从这个案例中，你明白了哪些道理？
>
>
> 导读案例答案
>
> （案例来源：中国司法网案例库，案例经编者加工整理）

理论知识

一、直销管理条例

教学视频

直销也可以简称厂家直接销售，是指不经过代理直接进行销售的行为，是由直销企业招募直销员直接向最终消费者进行销售的一种经营销售方式。在中华人民共和国境内设立的企业，可以依照《直销管理条例》规定申请成为以直销方式销售本企业生产的产品以及其母公司、控股公司生产产品的直销企业。以下为《直销管理条例》（即以下所称本条例）的主要内容：

（一）总则内容

为规范直销行为，加强对直销活动的监管，防止欺诈，保护消费者的合法权益和社会公共利益，制定本条例。

在中华人民共和国境内从事直销活动，应当遵守本条例。

直销产品的范围由国务院商务主管部门会同国务院工商行政管理部门根据直销业的发展状况和消费者的需求确定、公布。

本条例所称直销，是指直销企业招募直销员，由直销员在固定营业场所之外直接向最终消费者（以下简称消费者）推销产品的经销方式。

本条例所称直销企业，是指依照本条例规定经批准采取直销方式销售产品的企业。

本条例所称直销员，是指在固定营业场所之外将产品直接推销给消费者的人员。

直销企业及其直销员从事直销活动，不得有欺骗、误导等宣传和推销行为。

国务院商务主管部门和工商行政管理部门依照其职责分工和本条例规定，负责对直销企业和直销员及其直销活动实施监督管理。

(二) 直销企业及其分支机构的设立和变更

《直销管理条例》第 7 条规定，申请成为直销企业，应当具备下列条件：

（1）投资者具有良好的商业信誉，在提出申请前连续 5 年没有重大违法经营记录；外国投资者还应当有 3 年以上在中国境外从事直销活动的经验；

（2）实缴注册资本不低于人民币 8 000 万元；

（3）依照本条例规定在指定银行足额缴纳了保证金；

（4）依照规定建立了信息报备和披露制度。

《直销管理条例》第 8 条规定，申请成为直销企业应当填写申请表，并提交下列申请文件、资料：

（1）符合本条例第 7 条规定条件的证明材料；

（2）企业章程，属于中外合资、合作企业的，还应当提供合资或者合作企业合同；

（3）市场计划报告书，包括依照本条例第 10 条规定拟定的经当地县级以上人民政府认可的从事直销活动地区的服务网点方案；

（4）符合国家标准的产品说明；

（5）拟与直销员签订的推销合同样本；

（6）会计师事务所出具的验资报告；

（7）企业与指定银行达成的同意依照本条例规定使用保证金的协议。

《直销管理条例》第 9 条规定，申请人应当通过所在地省、自治区、直辖市商务主管部门向国务院商务主管部门提出申请。省、自治区、直辖市商务主管部门应当自收到申请文件、资料之日起 7 日内，将申请文件、资料报送国务院商务主管部门。国务院商务主管部门应当自收到全部申请文件、资料之日起 90 日内，经征求国务院工商行政管理部门的意见，作出批准或者不予批准的决定。予以批准的，由国务院商务主管部门颁发直销经营许可证。

申请人持国务院商务主管部门颁发的直销经营许可证，依法向工商行政管理部门申请变更登记。国务院商务主管部门审查颁发直销经营许可证，应当考虑国家安全、社会公共利益和直销业发展状况等因素。

《直销管理条例》第 10 条规定，直销企业从事直销活动，必须在拟从事直销活动的省、自治区、直辖市设立负责该行政区域内直销业务的分支机构（以下简称分支机构）。

直销企业在其从事直销活动的地区应当建立便于并满足消费者、直销员了解产品价格、退换货及企业依法提供其他服务的服务网点。服务网点的设立应当符合当地县级以上人民政府的要求。

直销企业申请设立分支机构，应当提供符合前款规定条件的证明文件和资料，并应当依照本条例第 9 条第 1 款规定的程序提出申请。获得批准后，依法向工商行政管理部门办理登记。

《直销管理条例》第 11 条规定，直销企业有关本条例第 8 条所列内容发生重大变更的，应当依照本条例第 9 条第 1 款规定的程序报国务院商务主管部门批准。

《直销管理条例》第 12 条规定，国务院商务主管部门应当将直销企业及其分支机构的名单在政府网站上公布，并及时进行更新。

（三）直销员的招募和培训

直销企业及其分支机构可以招募直销员。直销企业及其分支机构以外的任何单位和个人不得招募直销员。

直销员的合法推销活动不以无照经营查处。

直销企业及其分支机构不得发布宣传直销员销售报酬的广告，不得以缴纳费用或者购买商品作为成为直销员的条件。

> **课堂讨论**
>
> 按规定，哪些人是不能做直销员的？
>
>
>
> 课堂讨论答案

直销企业及其分支机构不得招募下列人员为直销员：

(1) 未满18周岁的人员；
(2) 无民事行为能力或者限制民事行为能力的人员；
(3) 全日制在校学生；
(4) 教师、医务人员、公务员和现役军人；
(5) 直销企业的正式员工；
(6) 境外人员；
(7) 法律、行政法规规定不得从事兼职的人员。

《直销管理条例》第16条规定，直销企业及其分支机构招募直销员应当与其签订推销合同，并保证直销员只在其一个分支机构所在的省、自治区、直辖市行政区域内已设立服务网点的地区开展直销活动。未与直销企业或者其分支机构签订推销合同的人员，不得以任何方式从事直销活动。

《直销管理条例》第17条规定，直销员自签订推销合同之日起60日内可以随时解除推销合同；60日后，直销员解除推销合同应当提前15日通知直销企业。

《直销管理条例》第18条规定，直销企业应当对拟招募的直销员进行业务培训和考试，考试合格后由直销企业颁发直销员证。未取得直销员证，任何人不得从事直销活动。

直销企业进行直销员业务培训和考试，不得收取任何费用。

直销企业以外的单位和个人，不得以任何名义组织直销员业务培训。

《直销管理条例》第19条规定，对直销员进行业务培训的授课人员应当是直销企业的正式员工，并符合下列条件：

(1) 在本企业工作1年以上；
(2) 具有高等教育本科以上学历和相关的法律、市场营销专业知识；
(3) 无因故意犯罪受刑事处罚的记录；
(4) 无重大违法经营记录。

直销企业应当向符合前款规定的授课人员颁发直销培训员证，并将取得直销培训员证的人员名单报国务院商务主管部门备案。国务院商务主管部门应当将取得直销培训员证的人员名单，在政府网站上公布。

境外人员不得从事直销员业务培训。

《直销管理条例》第20条规定，直销企业颁发的直销员证、直销培训员证应当依照国务院商务主管部门规定的式样印制。

《直销管理条例》第21条规定，直销企业应当对直销员业务培训的合法性、培训秩序和培训场所的安全负责。

直销企业及其直销培训员应当对直销员业务培训授课内容的合法性负责。

直销员业务培训的具体管理办法由国务院商务主管部门、国务院工商行政管理部门会同有关部门另行制定。

(四) 直销活动

直销员向消费者推销产品，应当遵守下列规定：

(1) 出示直销员证和推销合同；

(2) 未经消费者同意，不得进入消费者住所强行推销产品，消费者要求其停止推销活动的，应当立即停止，并离开消费者住所；

(3) 成交前，向消费者详细介绍本企业的退货制度；

(4) 成交后，向消费者提供发票和由直销企业出具的含有退货制度、直销企业当地服务网点地址和电话号码等内容的售货凭证。

《直销管理条例》第23条规定，直销企业应当在直销产品上标明产品价格，该价格与服务网点展示的产品价格应当一致。直销员必须按照标明的价格向消费者推销产品。

《直销管理条例》第24条规定，直销企业至少应当按月支付直销员报酬。直销企业支付给直销员的报酬只能按照直销员本人直接向消费者销售产品的收入计算，报酬总额（包括佣金、奖金、各种形式的奖励以及其他经济利益等）不得超过直销员本人直接向消费者销售产品收入的30%。

《直销管理条例》第25条规定，直销企业应当建立并实行完善的换货和退货制度。

消费者自购买直销产品之日起30日内，产品未开封的，可以凭直销企业开具的发票或者售货凭证向直销企业及其分支机构、所在地的服务网点或者推销产品的直销员办理换货和退货；直销企业及其分支机构、所在地的服务网点和直销员应当自消费者提出换货或者退货要求之日起7日内，按照发票或者售货凭证标明的价款办理换货和退货。

直销员自购买直销产品之日起30日内，产品未开封的，可以凭直销企业开具的发票或者售货凭证向直销企业及其分支机构或者所在地的服务网点办理换货和退货；直销企业及其分支机构和所在地的服务网点应当自直销员提出换货或者退货要求之日起7日内，按照发票或者售货凭证标明的价款办理换货和退货。

不属于前两款规定情形，消费者、直销员要求换货和退货的，直销企业及其分支机构、所在地的服务网点和直销员应当依照有关法律法规的规定或者合同的约定，办理换货和退货。

《直销管理条例》第 26 条规定，直销企业与直销员、直销企业及其直销员与消费者因换货或者退货发生纠纷的，由前者承担举证责任。

《直销管理条例》第 27 条规定，直销企业对其直销员的直销行为承担连带责任，能够证明直销员的直销行为与本企业无关的除外。

《直销管理条例》第 28 条规定，直销企业应当依照国务院商务主管部门和国务院工商行政管理部门的规定，建立并实行完备的信息报备和披露制度。

直销企业信息报备和披露的内容、方式及相关要求，由国务院商务主管部门和国务院工商行政管理部门另行规定。

（五）保证金

直销企业应当在国务院商务主管部门和国务院工商行政管理部门共同指定的银行开设专门账户，存入保证金。

保证金的数额在直销企业设立时为人民币 2 000 万元；直销企业运营后，保证金应当按月进行调整，其数额应当保持在直销企业上一个月直销产品销售收入 15% 的水平，但最高不超过人民币 1 亿元，最低不少于人民币 2 000 万元。保证金的利息属于直销企业。

《直销管理条例》第 30 条规定，出现下列情形之一，国务院商务主管部门和国务院工商行政管理部门共同决定，可以使用保证金：

（1）无正当理由，直销企业不向直销员支付报酬，或者不向直销员、消费者支付退货款的；

（2）直销企业发生停业、合并、解散、转让、破产等情况，无力向直销员支付报酬或者无力向直销员和消费者支付退货款的；

（3）因直销产品问题给消费者造成损失，依法应当进行赔偿，直销企业无正当理由拒绝赔偿或者无力赔偿的。

《直销管理条例》第 31 条规定，保证金依照本条例第 30 条规定使用后，直销企业应当在 1 个月内将保证金的数额补足到本条例第 29 条第 2 款规定的水平。

《直销管理条例》第 32 条规定，直销企业不得以保证金对外担保或者违反本条例规定用于清偿债务。

《直销管理条例》第 33 条规定，直销企业不再从事直销活动的，凭国务院商务主管部门和国务院工商行政管理部门出具的凭证，可以向银行取回保证金。

《直销管理条例》第 34 条规定，国务院商务主管部门和国务院工商行政管理部门共同负责保证金的日常监管工作。

保证金存缴、使用的具体管理办法由国务院商务主管部门、国务院工商行政管理部门会同有关部门另行制定。

（六）监督管理

工商行政管理部门负责对直销企业和直销员及其直销活动实施日常的监督管理。工商行政管理部门可以采取下列措施进行现场检查：

（1）进入相关企业进行检查；

(2) 要求相关企业提供有关文件、资料和证明材料；

(3) 询问当事人、利害关系人和其他有关人员，并要求其提供有关材料；

(4) 查阅、复制、查封、扣押相关企业与直销活动有关的材料和非法财物；

(5) 检查有关人员的直销培训员证、直销员证等证件。

工商行政管理部门依照前款规定进行现场检查时，检查人员不得少于2人，并应当出示合法证件；实施查封、扣押的，必须经县级以上工商行政管理部门主要负责人批准。

《直销管理条例》第36条规定，工商行政管理部门实施日常监督管理，发现有关企业有涉嫌违反本条例行为的，经县级以上工商行政管理部门主要负责人批准，可以责令其暂时停止有关的经营活动。

《直销管理条例》第37条规定，工商行政管理部门应当设立并公布举报电话，接受对违反本条例行为的举报和投诉，并及时进行调查处理。

工商行政管理部门应当为举报人保密；对举报有功人员，应当依照国家有关规定给予奖励。

（七）法律责任

《直销管理条例》第38条规定，对直销企业和直销员及其直销活动实施监督管理的有关部门及其工作人员，对不符合本条例规定条件的申请予以许可或者不依照本条例规定履行监督管理职责的，对直接负责的主管人员和其他直接责任人员，依法给予行政处分；构成犯罪的，依法追究刑事责任。对不符合本条例规定条件的申请予以的许可，由作出许可决定的有关部门撤销。

《直销管理条例》第39条规定，违反本条例第9条和第10条规定，未经批准从事直销活动的，由工商行政管理部门责令改正，没收直销产品和违法销售收入，处5万元以上30万元以下的罚款；情节严重的，处30万元以上50万元以下的罚款，并依法予以取缔；构成犯罪的，依法追究刑事责任。

《直销管理条例》第40条规定，申请人通过欺骗、贿赂等手段取得本条例第9条和第10条设定的许可的，由工商行政管理部门没收直销产品和违法销售收入，处5万元以上30万元以下的罚款，由国务院商务主管部门撤销其相应的许可，申请人不得再提出申请；情节严重的，处30万元以上50万元以下的罚款，并依法予以取缔；构成犯罪的，依法追究刑事责任。

《直销管理条例》第41条规定，直销企业违反本条例第11条规定的，由工商行政管理部门责令改正，处3万元以上30万元以下的罚款；对不再符合直销经营许可条件的，由国务院商务主管部门吊销其直销经营许可证。

《直销管理条例》第42条规定，直销企业违反规定，超出直销产品范围从事直销经营活动的，由工商行政管理部门责令改正，没收直销产品和违法销售收入，处5万元以上30万元以下的罚款；情节严重的，处30万元以上50万元以下的罚款，由工商行政管理部门吊销有违法经营行为的直销企业分支机构的营业执照直至由国务院商务主管部门吊销直销企业的直销经营许可证。

《直销管理条例》第43条规定，直销企业及其直销员违反本条例规定，有欺骗、误导等宣传和推销行为的,对直销企业,由工商行政管理部门处 3 万元以上 10 万元以下的罚款;情节严重的,处 10 万元以上 30 万元以下的罚款,由工商行政管理部门吊销有违法经营行为的直销企业分支机构的营业执照直至由国务院商务主管部门吊销直销企业的直销经营许可证。对直销员,由工商行政管理部门处 5 万元以下的罚款;情节严重的,责令直销企业撤销其直销员资格。

《直销管理条例》第 44 条规定,直销企业及其分支机构违反本条例规定招募直销员的,由工商行政管理部门责令改正,处 3 万元以上 10 万元以下的罚款;情节严重的,处 10 万元以上 30 万元以下的罚款,由工商行政管理部门吊销有违法经营行为的直销企业分支机构的营业执照直至由国务院商务主管部门吊销直销企业的直销经营许可证。

《直销管理条例》第 45 条规定,违反本条例规定,未取得直销员证从事直销活动的,由工商行政管理部门责令改正,没收直销产品和违法销售收入,可以处 2 万元以下的罚款;情节严重的,处 2 万元以上 20 万元以下的罚款。

《直销管理条例》第 46 条规定,直销企业进行直销员业务培训违反本条例规定的,由工商行政管理部门责令改正,没收违法所得,处 3 万元以上 10 万元以下的罚款;情节严重的,处 10 万元以上 30 万元以下的罚款,由工商行政管理部门吊销有违法经营行为的直销企业分支机构的营业执照直至由国务院商务主管部门吊销直销企业的直销经营许可证;对授课人员,由工商行政管理部门处 5 万元以下的罚款,是直销培训员的,责令直销企业撤销其直销培训员资格。

直销企业以外的单位和个人组织直销员业务培训的,由工商行政管理部门责令改正,没收违法所得,处 2 万元以上 20 万元以下的罚款。

《直销管理条例》第 47 条规定,直销员违反本条例第 22 条规定的,由工商行政管理部门没收违法销售收入,可以处 5 万元以下的罚款;情节严重的,责令直销企业撤销其直销员资格,并对直销企业处 1 万元以上 10 万元以下的罚款。

《直销管理条例》第 48 条规定,直销企业违反本条例第 23 条规定的,依照价格法的有关规定处理。

《直销管理条例》第 49 条规定,直销企业违反本条例第 24 条和第 25 条规定的,由工商行政管理部门责令改正,处 5 万元以上 30 万元以下的罚款;情节严重的,处 30 万元以上 50 万元以下的罚款,由工商行政管理部门吊销有违法经营行为的直销企业分支机构的营业执照直至由国务院商务主管部门吊销直销企业的直销经营许可证。

《直销管理条例》第 50 条规定,直销企业未依照有关规定进行信息报备和披露的,由工商行政管理部门责令限期改正,处 10 万元以下的罚款;情节严重的,处 10 万元以上 30 万元以下的罚款;拒不改正的,由国务院商务主管部门吊销其直销经营许可证。

《直销管理条例》第 51 条规定,直销企业违反本条例第 5 章有关规定的,由工商行政管理部门责令限期改正,处 10 万元以下的罚款;拒不改正的,处 10 万元以上 30 万元以下的罚款,由国务院商务主管部门吊销其直销经营许可证。

《直销管理条例》第 52 条规定,违反本条例的违法行为同时违反《禁止传销条例》的,依照《禁止传销条例》有关规定予以处罚。

案例讨论7-1 （此案例为思政元素）

新沂市人民检察院起诉指控：黄天成（另案处理）于2007年5月注册成立了SMI投资理财科技网络公司（简称SMI公司），SMI公司办公地点设立在中国香港尖沙咀山林道3号协荣大厦11层。后由于SMI公司被公安机关调查，黄天成于2012年12月将SMI公司更名为"Finnciti游戏网站"（中文：城市建设模拟游戏网站，简称FCT），并对公司本质进行了更为隐蔽的伪装，由炒作游戏代币调整为炒作建设虚拟城市的"机器人"，上述公司网站以互联网为载体在我国内地传播，该网站没有任何实际经营活动，以"投资理财""网络游戏"等作为伪装，诱使公众以拉人头的方式加入该网络传销组织。新人加入网站必须经老会员推荐，并通过老会员出资购买PIN码方能注册，并按一定顺序组成层级，直接或间接成为上下线关系。黄天成为扩大传销组织成员，长期在香港的办公地点培训内地骨干会员、发展地区VIP会员，后由骨干会员、VIP会员在内地发展下线，以此达到敛财的目的。作为SMI或FCT的VIP会员，一是帮助公司推广网络传销、开拓市场。以"购买SMI公司游戏代币或在FCT买卖机器人，推荐发展线下，可获得直推奖、对碰奖、领导奖及永久分红，游戏代币或机器人价格只涨不跌"等宣传该公司，积极发展下线，培养传销网络骨干成员，公开授课或组织授课，将网络传销向社会不特定公众进行推广；二是组织会员赴香港培训；三是帮助玩家出场、转买、转卖PIN码；四是管理账目，公司授权VIP会员代表公司向新进玩家和其他玩家出具PIN码，VIP会员在扣除收取资金的1%后，将剩余的99%资金转入公司指定账户。

2008年12月，被告人郑某甲经吴大林（另案处理）介绍成为SMI公司的会员，并于2009年10月成为公司的VIP会员，其直接发展赖某、邓某甲、郑某民、蔡某等人成为下线，上述人员直接或间接发展洪某甲、吴某、陈某甲、林某乙、黄某、徐某、陈某乙、沈某、邓某乙等人直接或间接成为其下线，层级已达五级30人以上。2013年下半年，被告人郑某甲还作为FCT公司的讲师在香港对参加培训的玩家进行公开授课。另，被告人郑某甲还多次组织会员赴香港培训，并向其下线及其他玩家销售PIN码发展新会员，经审计，2011年2月至2015年4月，被告人郑某甲共向其下线玩家收取购买PIN码的钱款共计人民币6 825.87万元；2014年6月至2015年2月，被告人郑某甲向FCT公司指定账户汇款共计人民币540.30万元；2014年4月至2015年2月，被告人郑某甲共向FCT公司充值338万美金，按照100美元兑换654元人民币FCT公司的规定汇率，应付FCT公司2 217.06万元人民币的PIN码款。

被告人郑某甲于2015年3月15日被新沂市公安局民警抓获归案，后如实供述上述事实。新沂市公安局冻结被告人郑某甲港币1 421万、扣押被告人郑某甲港币100万、人民币241.92万元。

公诉机关针对指控的事实，向法庭出示了书证、物证、证人证言、电子勘查笔录、徐州中德信会计师事务所审计报告、被告人供述等证据，并据此认为被告人郑某甲组织、领导传销活动，情节严重，其行为触犯了《中华人民共和国刑法》第224条相关内容，犯罪事实清楚，证据确实、充分，应当以组织、领导传销活动罪追究其刑事责任。被告人郑某甲归案后如实供述犯罪事实，积极退赃，在取保候审期间有立功情节，可以从轻或减轻处罚。

被告人郑某甲及其辩护人对公诉机关指控的组织、领导传销活动罪未提出异议。其辩护人提出：①被告人郑某甲不是传销组织的组织者、策划者、操纵者，应认定为从犯；②被告人郑某甲没有骗取他人钱财的目的，其经他人介绍参加网络传销，其直接介绍加入的都是亲戚，并代为注册代为操作，主观恶性较小；③被告人郑某甲个人获利较少，其经手的资金大部分都汇给公司，案发后协助公安机关追回了大量的涉案资金，不属情节严重；④被告人郑某甲归案后如实供述自己的犯罪事实，且积极认罪悔罪，向公安机关提供其他VIP犯罪线索，对案件侦破起到推动作用，并交出了涉案资金，挽回了很大的经济损失；⑤被告人郑某甲2008年12月参与传销，2009年刑法修正案（七）才增设了组织领导传销活动罪，其之前的行为不能认定为犯罪；⑥被告人郑某甲系初犯偶犯，没有犯罪前科，在取保候审期间有立功表现，建议对被告人郑某甲从轻或减轻处罚并适用缓刑。

案例思考题：被告人郑某甲是否构成组织、领导传销活动罪？

案例讨论答案（7-1）

（案例来源：中国司法网，案例经编者加工整理）

二、禁止传销条例

传销是指组织者发展人员，通过对被发展人员以其直接或者间接发展的人员数量或者业绩为依据计算和给付报酬，或者要求被发展人员以交纳一定费用为条件取得加入资格等方式获得财富的违法行为。传销的本质是"庞氏骗局"，即以后来者的钱发前面人的收益。

（一）总则内容

《禁止传销条例》（即以下所称本条例）所称传销，是指组织者或者经营者发展人员，通过对被发展人员以其直接或者间接发展的人员数量或者销售业绩为依据计算和给付报酬，或者要求被发展人员以交纳一定费用为条件取得加入资格等方式牟取非法利益，扰乱经济秩序，影响社会稳定的行为。

县级以上地方人民政府应当根据需要，建立查处传销工作的协调机制，对查处传销工作中的重大问题及时予以协调、解决。

《禁止传销条例》第4条规定，工商行政管理部门、公安机关应当依照本条例的规定，在各自的职责范围内查处传销行为。

《禁止传销条例》第5条规定，工商行政管理部门、公安机关依法查处传销行为，应当坚持教育与处罚相结合的原则，教育公民、法人或其他组织自觉守法。

《禁止传销条例》第6条规定，任何单位和个人有权向工商行政管理部门、公安机关举报传销行为。工商行政管理部门、公安机关接到举报后，应当立即调查核实，依法查处，并为举报人保密；经调查属实的，依照国家有关规定对举报人给予奖励。

(二) 传销行为的种类与查处机关

下列行为，属于传销行为：

(1) 组织者或者经营者通过发展人员，要求被发展人员发展其他人员加入，对发展的人员以其直接或者间接滚动发展的人员数量为依据计算和给付报酬（包括物质奖励和其他经济利益，下同），牟取非法利益的。

(2) 组织者或者经营者通过发展人员，要求被发展人员交纳费用或者以认购商品等方式变相交纳费用，取得加入或者发展其他人员加入的资格，牟取非法利益的。

(3) 组织者或者经营者通过发展人员，要求被发展人员发展其他人员加入，形成上下线关系，并以下线的销售业绩为依据计算和给付上线报酬，牟取非法利益的。

《禁止传销条例》第8条规定，工商行政管理部门依照本条例的规定，负责查处本条例第7条规定的传销行为。

《禁止传销条例》第9条规定，利用互联网等媒体发布含有本条例第7条规定的传销信息的，由工商行政管理部门会同电信等有关部门依照本条例的规定查处。

《禁止传销条例》第10条规定，在传销中以介绍工作、从事经营活动等名义欺骗他人离开居所地非法聚集并限制其人身自由的，由公安机关会同工商行政管理部门依法查处。

《禁止传销条例》第11条规定，商务、教育、民政、财政、劳动保障、电信、税务等有关部门和单位，应当依照各自职责和有关法律、行政法规的规定配合工商行政管理部门、公安机关查处传销行为。

《禁止传销条例》第12条规定，农村村民委员会、城市居民委员会等基层组织，应当在当地人民政府指导下，协助有关部门查处传销行为。

《禁止传销条例》第13条规定，工商行政管理部门查处传销行为，对涉嫌犯罪的，应当依法移送公安机关立案侦查；公安机关立案侦查传销案件，对经侦查不构成犯罪的，应当依法移交工商行政管理部门查处。

(三) 查处措施和程序

县级以上工商行政管理部门对涉嫌传销行为进行查处时，可以采取下列措施：

(1) 责令停止相关活动；

(2) 向涉嫌传销的组织者、经营者和个人调查、了解有关情况；

(3) 进入涉嫌传销的经营场所和培训、集会等活动场所，实施现场检查；

(4) 查阅、复制、查封、扣押涉嫌传销的有关合同、票据、账簿等资料；

(5) 查封、扣押涉嫌专门用于传销的产品（商品）、工具、设备、原材料等财物；

(6) 查封涉嫌传销的经营场所；

(7) 查询涉嫌传销的组织者或者经营者的账户及与存款有关的会计凭证、账簿、对账单等；

(8) 对有证据证明转移或者隐匿违法资金的，可以申请司法机关予以冻结。

工商行政管理部门采取前款规定的措施，应当向县级以上工商行政管理部门主要负责人书面或者口头报告并经批准。遇有紧急情况需要当场采取前款规定措施的，应当在事后立即报告并补办相关手续；其中，实施前款规定的查封、扣押，以及第（7）项、第（8）项规定的措施，应当事先经县级以上工商行政管理部门主要负责人书面批准。

《禁止传销条例》第 15 条规定，工商行政管理部门对涉嫌传销行为进行查处时，执法人员不得少于 2 人。

执法人员与当事人有直接利害关系的，应当回避。

《禁止传销条例》第 16 条规定，工商行政管理部门的执法人员对涉嫌传销行为进行查处时，应当向当事人或者有关人员出示证件。

《禁止传销条例》第 17 条规定，工商行政管理部门实施查封、扣押，应当向当事人当场交付查封、扣押决定书和查封、扣押财物及资料清单。

在交通不便地区或者不及时实施查封、扣押可能影响案件查处的，可以先行实施查封、扣押，并应当在 24 小时内补办查封、扣押决定书，送达当事人。

《禁止传销条例》第 18 条规定，工商行政管理部门实施查封、扣押的期限不得超过 30 日；案件情况复杂的，经县级以上工商行政管理部门主要负责人批准，可以延长 15 日。

对被查封、扣押的财物，工商行政管理部门应当妥善保管，不得使用或者损毁；造成损失的，应当承担赔偿责任。但是，因不可抗力造成的损失除外。

《禁止传销条例》第 19 条规定，工商行政管理部门实施查封、扣押，应当及时查清事实，在查封、扣押期间作出处理决定。

对于经调查核实属于传销行为的，应当依法没收被查封、扣押的非法财物；对于经调查核实没有传销行为或者不再需要查封、扣押的，应当在作出处理决定后立即解除查封，退还被扣押的财物。

工商行政管理部门逾期未作出处理决定的，被查封的物品视为解除查封，被扣押的财物应当予以退还。拒不退还的，当事人可以向人民法院提起行政诉讼。

《禁止传销条例》第 20 条规定，工商行政管理部门及其工作人员违反本条例的规定使用或者损毁被查封、扣押的财物，造成当事人经济损失的，应当承担赔偿责任。

《禁止传销条例》第 21 条规定，工商行政管理部门对涉嫌传销行为进行查处时，当事人有权陈述和申辩。

《禁止传销条例》第 22 条规定，工商行政管理部门对涉嫌传销行为进行查处时，应当制作现场笔录。

现场笔录和查封、扣押清单由当事人、见证人和执法人员签名或者盖章，当事人不在现场或者当事人、见证人拒绝签名或者盖章的，执法人员应当在现场笔录中予以注明。

《禁止传销条例》第 23 条规定，对于经查证属于传销行为的，工商行政管理部门、公安机关可以向社会公开发布警示、提示。

向社会公开发布警示、提示应当经县级以上工商行政管理部门主要负责人或者公安机关主要负责人批准。

(四) 法律责任

有本条例第 7 条规定的行为，组织策划传销的，由工商行政管理部门没收非法财物，没收违法所得，处 50 万元以上 200 万元以下的罚款；构成犯罪的，依法追究刑事责任。

有本条例第 7 条规定的行为，介绍、诱骗、胁迫他人参加传销的，由工商行政管理部门责令停止违法行为，没收非法财物，没收违法所得，处 10 万元以上 50 万元以下的罚款；构成犯罪的，依法追究刑事责任。

有本条例第 7 条规定的行为，参加传销的，由工商行政管理部门责令停止违法行为，可以处 2 000 元以下的罚款。

《禁止传销条例》第 25 条规定，工商行政管理部门依照本条例第 24 条的规定进行处罚时，可以依照有关法律、行政法规的规定，责令停业整顿或者吊销营业执照。

《禁止传销条例》第 26 条规定，为本条例第 7 条规定的传销行为提供经营场所、培训场所、货源、保管、仓储等条件的，由工商行政管理部门责令停止违法行为，没收违法所得，处 5 万元以上 50 万元以下的罚款。

为本条例第 7 条规定的传销行为提供互联网信息服务的，由工商行政管理部门责令停止违法行为，并通知有关部门依照《互联网信息服务管理办法》予以处罚。

《禁止传销条例》第 27 条规定，当事人擅自动用、调换、转移、损毁被查封、扣押财物的，由工商行政管理部门责令停止违法行为，处被动用、调换、转移、损毁财物价值 5% 以上 20% 以下的罚款；拒不改正的，处被动用、调换、转移、损毁财物价值 1 倍以上 3 倍以下的罚款。

《禁止传销条例》第 28 条规定，有本条例第 10 条规定的行为或者拒绝、阻碍工商行政管理部门的执法人员依法查处传销行为，构成违反治安管理行为的，由公安机关依照治安管理的法律、行政法规规定处罚；构成犯罪的，依法追究刑事责任。

《禁止传销条例》第 29 条规定，工商行政管理部门、公安机关及其工作人员滥用职权、玩忽职守、徇私舞弊，未依照本条例规定的职责和程序查处传销行为，或者发现传销行为不予查处，或者支持、包庇、纵容传销行为，构成犯罪的，对直接负责的主管人员和其他直接责任人员，依法追究刑事责任；尚不构成犯罪的，依法给予行政处分。

案例讨论 7-2 （此案例为思政元素）

刘某斌、李某良组织、领导传销活动罪一案于 2017 年 12 月 14 日在广东省梅州市梅县区人民法院一审审理完毕。深圳市善心汇文化传播有限公司（以下简称善心汇）利用互联网搭建其自身研发的官网会员管理平台"善心汇众扶互生大系统"，以"扶贫救济，善心相通"的名义，以高额的"静态收益"和"动态收益"为诱饵，宣称注册成为善心汇会员购买善心币，通过"布施"可获"感恩回报"，公开宣传吸收会员资金，积极对外发展下线会员。广东省梅州市梅县区人民检察院指控被告人刘某斌、李某良在该网站注册后发展若干下线，其行为构成组织、领导传销活动罪。被告辩护人指出，通过互联网注册会员事实上可能存在一个会员借用多个人的身份证注册的情形，因此注册数字不能客观真实地反映下线人数，只能起参考作用。

案例思考题：你认为法院应如何判决？

案例讨论答案（7-2）

（案例来源：中国司法网，案例经编者加工整理）

课后习题

一、同步练习

1. 填空题

（1）直销也可以简称_____，是指不经过代理直接进行_____的行为，是由_____的一种经营销售方式。

（2）直销企业至少应当按月支付直销员报酬。直销企业支付给直销员的报酬只能按照直销员本人直接向消费者销售产品的收入计算，报酬总额不得超过直销员本人直接向消费者销售产品收入的_____。

（3）传销的本质是_____，即以后来者的钱发前面人的收益。

2. 选择题

（1）申请成为直销企业，实缴注册资本不低于人民币_____万元。（　　）
A. 2 000　　　　B. 4 000　　　　C. 6 000　　　　D. 8 000

（2）消费者自购买直销产品之日起_____日内，产品未开封的，可以凭直销企业开具的发票或者售货凭证向直销企业及其分支机构、所在地的服务网点或者推销产品的直销员办理换货和退货。（　　）
A. 7　　　　B. 15　　　　C. 30　　　　D. 60

（3）《直销管理条例》于_____起施行。（　　）
A. 2004 年 3 月 1 日　　　　　　　　B. 2004 年 12 月 1 日
C. 2005 年 3 月 1 日　　　　　　　　D. 2005 年 12 月 1 日

3. 判断题

（1）境外人员可以从事直销员业务培训。（　　）

（2）市场监督管理部门依照前款规定进行现场检查时，检查人员不得少于 2 人，并应当出示合法证件。（　　）

（3）传销是指组织者发展人员，通过对被发展人员以其直接或者间接发展的人员数量或者业绩为依据计算和给付报酬，或者要求被发展人员以交纳一定费用为条件取得加入资格等方式获得财富的违法行为。（　　）

4. 问答题

（1）对直销员进行业务培训的授课人员应当是直销企业的正式员工，他们应当具备哪些条件？

（2）按规定，哪些人是不能做直销员的？

项目七同步练习答案

二、案例分析与应用

2018 年 5 月初，被告人王某组织从事传销的杨某、黎某（均另案处理）等 40 余人从扬州市来到南京市六合区雄州街道从事传销活动。自 2018 年 5 月起，以被告人王某为首的上述人员成立了以推销美国欧咪伽保健产品,要求加入者购买该产品以获得入门资格,并按照业务员、高级业务员、主任、经理、总监五级顺序构成层级,以发展人员数量作为计酬返利依据的传销活动组织。2018 年 5 月至 7 月,在被告人王某的领导之下,该传销组织引诱、胁迫先期加入者继续发展下线人员,先后又发展 30 余人至六合区加入该传销组织,非法获取人民币 10 万余元。2018 年 7 月 29 日,被告人王某被公安机关抓获归案。案发后,公安机关扣押该传销组织违法所得人民币 93 166 元。

被告人王某对上述指控均予以供认,未作辩解。

被告人王某的辩护人提出下列辩护意见:①被告人王某系初犯,归案后认罪态度较好;②本案赃款大部分已被公安机关扣押;③被告人王某家庭有实际困难,其双胞胎小孩现因病需治疗,此情节有出生证明、病危通知书等证据证实。

案例思考题:法院应如何判决?请具体分析。

三、实务操作训练

请分组讨论直销与传销的具体区别与联系,并将内容填入表 7-1 中。

表 7-1 直销与传销的比较

项目	定义	内容	行为类型	联系
直销				
传销				

项目八

营销促销法律

名人警句

法律规定的惩罚不是为了私人的利益，而是为了公共的利益。

知识目标

1. 了解广告和广告法。
2. 了解广告要素。
3. 掌握广告法对广告内容的要求和规定。

技能目标

1. 培养学生识别合法广告行为的能力。
2. 培养学生运用所学知识理解广告纠纷所涉及的法律问题的能力。

知识导图

营销促销法律 — 广告法 — 广告及广告法
　　　　　　　　　　　　广告参与者
　　　　　　　　　　　　广告内容
　　　　　　　　　　　　对广告的监督管理
　　　　　　　　　　　　法律责任

应用案例

2018年4月23日，原告张某在被告主办的某子晚报B10版广告栏中看到南京科声讯网络有限公司免费提供声讯平台，日收益500元的广告信息。原告张某根据广告提供的电话号码与南京科声讯网络有限公司王先生联系，王先生要求原告将购买声讯设备的货款汇至其指定的账户，并称原告张某购买声讯设备后公司免费提供声讯平台。原告张某遂分10次汇给南京科声讯网络有限公司45 100元，在汇款过程中原告多次向某子晚报广告部核实上述公司的真实性，某子晚报广告部均回复该公司是真实存在的。张某最后一次汇款后，就无法与南京科声讯网络有限公司王先生联系。张某到工商行政部门查询得知，南京科声讯网络有限公司根本不存在，某子晚报所发布的南京科声讯网络有限公司的信息是虚假的。由于某子晚报发布的虚假信息，造成张某财产损失。张某为维护自身的合法权益，特诉至法院，请求判令被告赔偿其损失45 100元，并承担诉讼费。

案例思考题：

(1) 如果查证属实，工商行政部门应使用何种法律予以处罚才能更好地保护公共利益？

(2) 如果查证属实，工商行政部门应如何进行处罚？

(3) 在日常生活中，应如何辨别类似欺骗事件？

应用案例答案

（案例来源：江苏省高级人民法院网，案例经编者加工整理）

模块　广告法

学习要点

1. 了解广告的概念和种类以及广告要素。
2. 掌握广告活动的法律要求、广告法对广告内容的要求。
3. 了解广告法律责任。

导读案例（此案例为思政元素）

程先生购买一款面霜时，发现该面霜相关网页上宣称"世界上最好的面霜、全球销量第一、口碑全球第一、客户忠实度全球第一"等；宣称芦荟片具有"润肠通便、美白养颜、排毒减脂、延缓衰老"等功效；宣称酵素粉具有"纤体、通便、排毒、美肌"等功效；宣传玛咖精片具有"提升精力、补肾强精、增加精子活力、改善睡眠"等多种功效。但是程先生认为，该网站对化妆品和普通食品进行一系列内容虚假、夸大功效的宣传，误导了消费者，其行为构成欺诈，于是诉至江苏吴中法院，要求网站退还货款 3.7 万余元，并支付 3 倍赔偿金 9 万余元。

案例思考题：张先生能否诉讼成功？商家对该面霜的宣传是否违反法律？

导读案例答案

（案例来源：江苏省高级人民法院网，案例经编者加工整理）

理论知识

一、广告及广告法

（一）广告

《中华人民共和国广告法》（以下简称《广告法》）所称广告是指商品经营者或者服务提供者承担费用，通过一定媒介和形式直接或者间接地介绍自己所推销的商品或所提供的服务的宣传活动。

广告可以按照不同的标准进行划分。

（1）按广告媒介区分，广告分为报纸广告、杂志广告、广播广告、电视广告、网络广告、电影广告、产品包装广告、展会展览广告、交通广告、路牌广告、霓虹灯广告、橱窗广告等。

（2）按照广告目的划分，广告分为产品广告和企业形象广告。

（二）新《广告法》

《广告法》已由中华人民共和国第八届全国人民代表大会常务委员会第十次会议于 1994 年 10 月 27 日通过，自 1995 年 2 月 1 日起施行。2015 年 4 月 24 日，《广告法》（修订草案）三审稿在全国人民代表大会常务委员会第十四次会议表决通过。表决稿新增规定，利用互联网发布广告，未显著标明关闭标志，确保一键关闭的，将处 5 000 元以上 30 000 元以下的罚款。

二、广告参与者

广告参与者包括广告主、广告经营者和广告发布者。

（1）广告主是指为推销商品或者提供服务，自行或者委托他人设计、制作、发布广告的法人、其他经济组织或者个人。

广告主自行或委托他人设计、制作、发布广告，所推销的商品或者所提供的服务应当属于广告主的经营范围，且广告主应当提供真实、合法、有效的下列证明文件：①营业执照及其他经营许可、生产资格的证明文件；②相关质量检验机构对广告中有关商品质量内容出具的证明文件；③足以证明广告内容真实性的其他证明文件；④发布特殊商品或服务的广告（如药品、医疗器械、农药的广告）需要经有关行政主管部门审查并提供有关批准文件。

（2）广告经营者是指受委托提供广告设计、制作、代理服务的法人、其他经济组织或者个人。如制作广告的公司等。广告经营者应当依法办理广告业务的经营登记；对内容不实或者证明文件不全的广告，广告经营者不得提供设计、制作、代理服务。

（3）广告发布者是指为广告主或者广告主委托的广告经营者发布广告的法人或者其他经济组织。广告发布者按照国家有关规定，建立、健全广告业务的承接登记、审核、档案管理制度；依据法律、行政法规查验有关证明文件，核实广告内容。对内容不实或者证明文件不全的广告，广告发布者不得提供广告发布服务。

（4）对广告参与者的特别规定。广告主、广告经营者、广告发布者三者在广告活动中应当依法订立书面合同，明确各方权利和义务。广告发布者向广告主、广告经营者提供的媒介覆盖率、收视率、发行量等资料应当真实；广告收费应当合理、公开，收费标准和收费办法应当向物价和工商行政管理部门备案，广告经营者、广告发布者应当公布其收费标准和收费办法。广告主或者广告经营者在广告中使用他人名义、形象的，应当事先取得他人的书面同意；使用无民事行为能力人、限制民事行为能力人的名义、形象的，应当事先取得其监护人的书面同意。

教学视频

课堂讨论

《广告法》对特殊商品有哪些特殊规定？

课堂讨论答案

三、广告内容

（一）对广告内容的要求

《广告法》第 8 条规定，广告中对商品的性能、功能、产地、用途、质量、成分、价格、生产者、有效期限、允诺等或者对服务的内容、提供者、形式、质量、价格、允诺等有表示的，应当准确、清楚、明白。广告不得含有虚假或者引人误解的内容，不得欺骗、误导消费者。

广告内容有以下情形之一的，不得刊播、设置、张贴：

（1）使用或者变相使用中华人民共和国的国旗、国歌、国徽、军旗、军歌、军徽；

（2）使用或者变相使用国家机关、国家机关工作人员的名义或者形象；

（3）使用"国家级""最高级""最佳"等用语；

（4）损害国家的尊严或者利益，泄露国家秘密；

（5）妨碍社会安定，损害社会公共利益；

（6）危害人身、财产安全，泄露个人隐私；

（7）妨碍社会公共秩序或者违背社会良好风尚；

（8）含有淫秽、色情、赌博、迷信、恐怖、暴力的内容；

(9) 含有民族、种族、宗教、性别歧视的内容;
(10) 妨碍环境、自然资源或者文化遗产保护;
(11) 法律、行政法规规定禁止的其他情形。

(二) 医疗、药品、医疗器械广告不得含有的内容

(1) 表示功效、安全性的断言或者保证;
(2) 说明治愈率或者有效率;
(3) 与其他药品、医疗器械的功效和安全性或者其他医疗机构比较;
(4) 利用广告代言人作推荐、证明;
(5) 法律、行政法规规定禁止的其他内容。

(三) 药品广告的规定

(1) 药品广告的内容不得与国务院药品监督管理部门批准的说明书不一致,并应当显著标明禁忌、不良反应。
(2) 处方药广告应当显著标明"本广告仅供医学药学专业人士阅读",非处方药广告应当显著标明"请按药品说明书或者在药师指导下购买和使用"。
(3) 推荐给个人自用的医疗器械的广告,应当显著标明"请仔细阅读产品说明书或者在医务人员的指导下购买和使用"。医疗器械产品注册证明文件中有禁忌内容、注意事项的,广告中应当显著标明"禁忌内容或者注意事项详见说明书"。
(4) 除医疗、药品、医疗器械广告外,禁止其他任何广告涉及疾病治疗功能,并不得使用医疗用语或者易使推销的商品与药品、医疗器械相混淆的用语。

(四) 保健食品广告不得含有的内容

(1) 表示功效、安全性的断言或者保证;
(2) 涉及疾病预防、治疗功能;
(3) 声称或者暗示广告商品为保障健康所必需;
(4) 与药品、其他保健食品进行比较;
(5) 利用广告代言人作推荐、证明;
(6) 法律、行政法规规定禁止的其他内容。
(7) 保健食品广告应当显著标明"本品不能代替药物"。

(五) 对烟草广告的禁止要求

(1) 禁止在大众传播媒介或者公共场所、公共交通工具、户外发布烟草广告。禁止向未成年人发送任何形式的烟草广告。
(2) 禁止利用其他商品或者服务的广告、公益广告,宣传烟草制品名称、商标、包装、装潢以及类似内容。
(3) 烟草制品生产者或者销售者发布的迁址、更名、招聘等启事中,不得含有烟草制品名称、商标、包装、装潢以及类似内容。

(六) 酒类广告不得含有的内容

(1) 诱导、怂恿饮酒或者宣传无节制饮酒；
(2) 出现饮酒的动作；
(3) 表现驾驶车、船、飞机等活动；
(4) 明示或者暗示饮酒有消除紧张和焦虑、增加体力等功效。

(七) 教育、培训广告不得含有的内容

(1) 对升学、通过考试、获得学位学历或者合格证书，或者对教育、培训的效果作出明示或者暗示的保证性承诺；
(2) 明示或者暗示有相关考试机构或者其工作人员、考试命题人员参与教育、培训；
(3) 利用科研单位、学术机构、教育机构、行业协会、专业人士、受益者的名义或者形象作推荐、证明。

(八) 有下列情形之一的，不得设置户外广告

(1) 利用交通安全设施、交通标志的；
(2) 影响市政公共设施、交通安全设施、交通标志、消防设施、消防安全标志使用的；
(3) 妨碍生产或者人民生活，损害市容市貌的；
(4) 在国家机关、文物保护单位、风景名胜区的建筑控制地带，或者县级以上地方人民政府禁止设置户外广告的区域设置的。

(九) 广告有下列情形之一的，为虚假广告

(1) 商品或者服务不存在的；
(2) 商品的性能、功能、产地、用途、质量、规格、成分、价格、生产者、有效期限、销售状况、曾获荣誉等信息，或者服务的内容、提供者、形式、质量、价格、销售状况、曾获荣誉等信息，以及与商品或者服务有关的允诺等信息与实际情况不符，对购买行为有实质性影响的；
(3) 使用虚构、伪造或者无法验证的科研成果、统计资料、调查结果、文摘、引用语等信息作证明材料的；
(4) 虚构使用商品或者接受服务的效果的；
(5) 以虚假或者引人误解的内容欺骗、误导消费者的其他情形。

四、对广告的监督管理

发布医疗、药品、医疗器械、农药、兽药和保健食品广告，以及法律、行政法规规定应当进行审查的其他广告，应当在发布前由有关部门（以下称广告审查机关）对广告内容进行审查；未经审查，不得发布。

广告主申请广告审查，应当依照法律、行政法规向广告审查机关提交有关证明文件。广告审查机关应当依照法律、行政法规规定作出审查决定，并应当将审查批准文件抄送同级工商行政管理部门。广告审查机关应当及时向社会公布批准的广告。任何单位或者个人不得伪

造、变造或者转让广告审查批准文件。

工商行政管理部门履行广告监督管理职责，可以行使下列职权：

（1）对涉嫌从事违法广告活动的场所实施现场检查；

（2）询问涉嫌违法当事人或者其法定代表人、主要负责人和其他有关人员，对有关单位或者个人进行调查；

（3）要求涉嫌违法当事人限期提供有关证明文件；

（4）查阅、复制与涉嫌违法广告有关的合同、票据、账簿、广告作品和其他有关资料；

（5）查封、扣押与涉嫌违法广告直接相关的广告物品、经营工具、设备等财物；

（6）责令暂停发布可能造成严重后果的涉嫌违法广告；

（7）法律、行政法规规定的其他职权。

五、法律责任

广告主、广告经营者、广告发布者违反《广告法》，给用户和消费者造成损失的，依法承担相应的民事责任、行政责任、刑事责任。

> **案例讨论**（此案例为思政元素）
>
> 某化妆品公司为推销该公司生产的祛斑霜，委托某广告公司为其制作广告。该广告公司在化妆品公司用户信息反馈表中，找到一位姓林的女士和一位姓方的男士使用祛斑霜前后的照片，用于广告之中，以宣传该祛斑霜的效果。广告在电视台播出后，林、方二人分别从家人和同事处得知此事。他们找到该广告公司，要求其采取措施停止播放广告，并分别赔偿他们精神损失。双方未能达成协议，林、方二人诉至法院。法院判决：被告某广告公司公开向林、方二人赔礼道歉，消除影响，停止侵害，赔偿林、方二人精神损失各15 000元。
>
> 案例思考题：本案涉及消费者的什么权利？
>
>
>
> 案例讨论答案
>
> （案例来源：江苏省高级人民法院网，案例经编者加工整理）

项目八补充案例

一、同步练习

1. 填空题

（1）目前，广告种类的划分比较通用的方法就是按_____来分类。

（2）商品经济越发达，广告就显得越重要。但广告任意自由的发展，不可避免地要产生一些消极的东西，如虚假广告、粗制滥造甚至低级庸俗、有损国格的广告等，因此，对广告进行_____，理所当然应成为国家行政管理中不可缺少的一部分。

（3）广告违法行为，是指_____、_____、_____在广告活动中违反我国_____并应受到法律制裁的行为。

2. 选择题

（1）为了加强广告管理，使广告管理纳入法制轨道，国务院于_____第八届全国人民代表大会常务委员会第十次会议通过了《中华人民共和国广告法》。（   ）

A. 1982年2月   B. 1987年10月   C. 1988年1月   D. 1994年10月

（2）广告主、广告经营者和广告发布者对工商行政管理机关处罚决定不服的，可在收到处罚通知之日起_____日内向作出处罚决定的机关的上一级机关申请复议。（   ）

A. 10   B. 15   C. 20   D. 30

3. 判断题

（1）广告主、广告经营者、广告发布者违反广告法规，给用户和消费者造成损失的，应当承担赔偿责任。损害赔偿，受害人可以请求市级以上的工商行政管理机关处理，也可以向人民法院起诉。（   ）

（2）利用广播、电影、电视、报纸、期刊以及其他媒介发布药品、医疗器械、农药、兽药等特殊商品的广告，必须在发布前依照有关法律、行政法规由有关行政主管部门（即广告审查机关）对广告内容进行审查；未经审查，不得发布。（   ）

（3）行政责任即工商行政管理机关对违反广告法规的当事人给予的行政处罚。（   ）

4. 问答题

（1）我国的广告管理机关是什么？
（2）广告主体是什么？
（3）广告内容的要求有哪些？

项目八同步练习答案

二、案例分析与应用

某报某日刊登了一则"L66特效生发宝蜚声海内外"的广告，称国家知识产权局商标局注册的"神州牌L66特效生发宝"是一种能使毛发再生的最新特效类药化妆品，符合轻工业部标准规定，对斑秃、普秃、全秃、壮年脱发、脂溢性脱发症均有特效，快者使用7天能长出新发，有效率在全国同类产品中达到96%的最高疗效，得到国内消费者的好评，尤其是在广交会上得到了外商的高度赞誉，确实是生发之宝、神州之宝、人类之宝，填补了中国多年来秃发不治之症的空白。已行销美国、加拿大、日本等10多个国家，为满足国内需求，现办理国内邮购业务等。许多消费者信以为真，纷纷邮购。但使用该特效类药化妆品后，效果并不明显，于是怀疑广告的真实性，诉至法院。

案例思考题：该广告是否违法？为什么？

案例分析与应用答案

（案例来源：中国法院网，案例经编者加工整理）

三、实务操作训练

各小组进行实地市场调研，对有关促销产品的促销过程进行分析。请说明促销产品运用了哪些促销手法？最后结果怎么样？最后以小组形式进行汇报（采用PPT形式），老师进行评比。

要求：

（1）以小组形式完成任务。

（2）调查前需对《广告法》有一定的了解。

（3）小组以照片或其他资料作为参考依据。

项目九

电子商务法律

名人警句

法律和制度必须跟上人类思想进步。

知识目标

了解电子商务法。

技能目标

培养学生运用所学知识理解电商纠纷所涉及的法律问题的能力。

知识导图

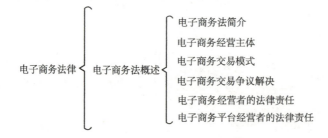

应用案例

2020年5月23日，陈女士打了一辆顺风车，顺风车车主陶先生接了这一单。这一单，陶先生能收入60余元。某保险公司在顺风车订单生成后，就为乘客陈女士赠送了一份机动车驾驶人员意外险。陈女士上车后，坐在了副驾驶座位上。在行驶过程中，因陶先生操作不当，车被开到了对向车道，后与对向车相撞，造成陈女士受伤。经交警认定，陶先生负事故全部责任。而陈女士的伤情，已构成九级伤残。陈女士以机动车交通事故纠纷为由，将陶先生、顺风车平台方、保险公司诉至法院，要求三被告承担赔偿责任，赔偿其医疗费、住院伙食补助费、营养费、误工费、伤残赔偿金、精神抚慰金、交通费、鉴定费等，合计32万元。

案例思考题：
(1) 在此案件中，顺风车平台需要承担侵权赔偿责任吗？
(2) 在此案件中，顺风车平台提供的是什么服务？

应用案例答案

（案例来源：中国法院网，案例经编者加工整理）

模块 电子商务法概述

学习要点

了解并熟悉电子商务法的一般内容。

导读案例（此案例为思政元素）

一位刚上小学二年级的男童，在某购物网站以他父亲李某的身份证号码注册了客户信息，并且订购了一台价值1 000元的小型打印机。但是当该网站将货物送到李某家中时，曾经学了一些法律知识的李某却以"其子未满8周岁，是无民事行为能力人"为由，拒绝接收打印机并拒付货款。由此交易双方产生了纠纷。李某主张，电子商务合同订立在虚拟的世界，但却是在现实社会中得以履行，应该也能够受现行法律的调控。而依现行《民法典》第19条的规定，一个不满8周岁的未成年人是无民事行为能力人，不能独立进行民事活动，应该由他的法定代理人代理民事活动。其子刚刚上小学二年级，未满8周岁，不能独立订立货物买卖合同，所以该打印机的网上购销合同无效；其父母作为其法定代理人有权拒付货款。对此，该购物网站主张，由于该男童是使用其父亲李某的身份证登录注册客户信息的，从网站所掌握的信息来看，与其达成打印机网络购销合同的当事人是一个有完全民事行为能力的正常人，而并不是此男童。由于网站是不可能审查身份证来源的，也就是说网站已经尽到了自己的注意义务，不应当就合同的无效承担民事责任。

案例思考题：当事人是否具有行为能力？电子合同是否有效？

导读案例答案

（案例来源：杭州市中级人民法院，案例经编者加工整理）

理论知识

一、电子商务法简介

电子商务法是政府调整企业和个人以数据电文为交易手段，通过信息网络所产生的，因交易形式所引起的各种商事交易关系，以及与这种商事交易关系密切相关的社会关系、政府管理关系的法律规范的总称。

2018年8月31日，十三届全国人民代表大会常务委员会第五次会议表决通过《中华人民共和国电子商务法》（以下简称《电子商务法》），自2019年1月1日起施行。

二、电子商务经营主体

（一）电子商务经营主体概念

电子商务经营主体，是指通过互联网等信息网络从事销售商品或者提供服务的经营活动的自然人、法人和非法人组织，包括电子商务平台经营者、平台内经营者以及通过自建网站、其他网络服务销售商品或者提供服务的电子商务经营者。

（1）电子商务平台经营者是指在电子商务中为交易双方或者多方提供网络经营场所、交易撮合、信息发布等服务，供交易双方或者多方独立开展交易活动的法人或者非法人组织。

（2）平台内经营者是指通过电子商务平台销售商品或者提供服务的电子商务经营者。

（二）电子商务经营者的法律义务

电子商务经营者的一般法律义务是指电子商务平台经营者、平台内经营者以及通过自建网站、其他网络服务销售商品或者提供服务的电子商务经营者都应当遵循的法律义务。

（1）电子商务经营者应当依法办理市场主体登记。

《电子商务法》规定不需要登记的例外情形包括以下几类：①个人销售自产农副产品；②个人销售家庭手工业产品；③个人利用自己的技能从事依法无须取得许可的便民劳务活动；④个人进行的零星小额交易活动；⑤依照法律、行政法规不需要进行登记的情况。

（2）电子商务经营者销售的商品或者提供的服务应当符合保障人身、财产安全的要求和环境保护要求，不得销售或者提供法律、行政法规禁止交易的商品或者服务。

（3）电子商务经营者应当依法履行纳税义务，并依法享受税收优惠。

（4）电子商务经营者销售商品或者提供服务应当依法出具纸质发票或者电子发票等购货凭证或者服务单据。电子发票与纸质发票具有同等法律效力。

（5）电子商务经营者应当全面、真实、准确、及时地披露商品或者服务信息，保障消费者的知情权和选择权。电子商务经营者不得以虚构交易、编造用户评价等方式进行虚假或者引人误解的商业宣传，欺骗、误导消费者。

（6）电子商务经营者自行终止从事电子商务的，应当提前30日在首页显著位置持续公示有关信息。

（7）电子商务经营者收集、使用其用户的个人信息，当遵守法律、行政法规有关个人信息保护的规定。

（8）电子商务经营者不得滥用市场支配地位，排除、限制竞争。

（9）电子商务经营者按照约定向消费者收取押金的，应当明示押金退还的方式、程序，不得对押金退还设置不合理条件。消费者申请退还押金，符合押金退还条件的，电子商务经营者应当及时退还。

（10）电子商务经营者搭售商品或者服务，应当以显著方式提醒消费者注意，不得将搭售商品或者服务作为默认同意的选项。

（11）电子商务经营者向消费者发送广告的，应当遵守《广告法》的有关规定。

> **课堂讨论**
>
> 小明同学在自媒体上销售自家种的瓜果蔬菜，需要办理相关的营业执照吗？
>
>
>
> 课堂讨论答案

三、电子商务交易模式

（1）B2B 模式：企业对企业的电子商务模式。

（2）B2C 模式：企业对消费者的电子商务模式。

（3）C2C 模式：消费者对消费者的电子商务模式。

（4）G2B 模式：企业与政府管理部门之间的电子商务模式。

（5）G2C 模式：政府对公民的电子商务模式。

四、电子商务交易争议解决

（1）电子商务平台经营者与平台内经营者协议设立消费者权益保证金的，双方应当就消费者权益保证金的提取数额、管理、使用和退还办法等作出明确约定。

（2）消费者要求电子商务平台经营者承担先行赔偿责任以及电子商务平台经营者赔偿后向平台内经营者的追偿，适用《消费者权益保护法》的有关规定。

（3）电子商务经营者应当建立便捷、有效的投诉、举报机制，公开投诉、举报方式等信息，及时受理并处理投诉、举报。

（4）电子商务争议可以通过协商和解，请求消费者组织、行业协会或者其他依法成立的调解组织调解，向有关部门投诉，提请仲裁，或者提起诉讼等方式解决。

（5）消费者在电子商务平台购买商品或者接受服务，与平台内经营者发生争议时，电子商务平台经营者应当积极协助消费者维护合法权益。

（6）在电子商务争议处理中，电子商务经营者应当提供原始合同和交易记录。因电子商务经营者丢失、伪造、篡改、销毁、隐匿或者拒绝提供前述资料，致使人民法院、仲裁机构或者有关机关无法查明事实的，电子商务经营者应当承担相应的法律责任。

（7）电子商务平台经营者可以建立争议在线解决机制，制定并公示争议解决规则，根据自愿原则，公平、公正地解决当事人的争议。

五、电子商务经营者的法律责任

电子商务经营者违反《电子商务法》的规定，有下列行为之一的，由市场监督管理部门责令限期改正，可以处1万元以下的罚款，对其中的电子商务平台经营者，依照《电子商务法》第81条第1款的规定处罚：

（1）未在首页显著位置公示营业执照信息、行政许可信息、属于不需要办理市场主体登记情形等信息，或者上述信息的链接标识的；

（2）未在首页显著位置持续公示终止电子商务的有关信息的；

（3）未明示用户信息查询、更正、删除以及用户注销的方式、程序，或者对用户信息查询、更正、删除以及用户注销设置不合理条件的。

电子商务平台经营者对违反前款规定的平台内经营者未采取必要措施的，由市场监督管理部门责令限期改正，可以处2万元以上10万元以下的罚款。

电子商务经营者违反《电子商务法》第18条第1款规定提供搜索结果，或者违反《电子商务法》第19条规定搭售商品、服务的，由市场监督管理部门责令限期改正，没收违法所得，可以并处5万元以上20万元以下的罚款；情节严重的，并处20万元以上50万元以下的罚款。

电子商务经营者违反《电子商务法》第21条规定，未向消费者明示押金退还的方式、程序，对押金退还设置不合理条件，或者不及时退还押金的，由有关主管部门责令限期改正，可以处5万元以上20万元以下的罚款；情节严重的，处20万元以上50万元以下的罚款。

电子商务经营者违反法律、行政法规有关个人信息保护的规定，或者不履行《电子商务法》第30条和有关法律、行政法规规定的网络安全保障义务的，依照《中华人民共和国网络安全法》等法律、行政法规的规定处罚。

六、电子商务平台经营者的法律责任

电子商务平台经营者有下列行为之一的，由有关主管部门责令限期改正；逾期不改正的，处2万元以上10万元以下的罚款；情节严重的，责令停业整顿，并处10万元以上50万元以下的罚款。

（1）不履行《电子商务法》第 27 条规定的核验、登记义务的；

（2）不按照《电子商务法》第 28 条规定向市场监督管理部门、税务部门报送有关信息的；

（3）不按照《电子商务法》第 29 条规定对违法情形采取必要的处置措施，或者未向有关主管部门报告的；

（4）不履行《电子商务法》第 31 条规定的商品和服务信息、交易信息保存义务的。

电子商务平台经营者违反《电子商务法》的规定，有下列行为之一的，由市场监督管理部门责令限期改正，可以处 2 万元以上 10 万元以下的罚款；情节严重的，处 10 万元以上 50 万元以下的罚款：

（1）未在首页显著位置持续公示平台服务协议、交易规则信息或者上述信息的链接标识的；

（2）修改交易规则未在首页显著位置公开征求意见，未按照规定的时间提前公示修改内容，或者阻止平台内经营者退出的；

（3）未以显著方式区分标记自营业务和平台内经营者开展的业务的；

（4）未为消费者提供对平台内销售的商品或者提供的服务进行评价的途径，或者擅自删除消费者的评价的。

案例讨论（此案例为思政元素）

2020 年，孙某通过某跨境电子商务平台购买了荷兰某品牌奶粉 10 罐，发现所有产品包装均无中文标签、说明，就此认为该平台违反了《中华人民共和国食品安全法》第 97 条"包装食品没有中文标签、中文说明书或者标签、说明书不符合本条规定的，不得进口"的规定。孙某要求该平台退回购买奶粉的货款 2 546 元，并要求该平台进行 10 倍赔偿，即人民币 25 460 元。协调未果，孙某向法院提起了诉讼。该平台认为，其与孙某的交易方式系跨境电子商务，具有特殊性，是以消费者的名义报关、通关，海关对此种货物也是按个人行邮物品进行监管和收取关税，不需要提供中文标签。且货物一直处于海关严格监管之下，交易过程合法有效，通关产品也没有质量问题，其不应当承担退还货物和 10 倍赔偿的责任。

案例思考题：

（1）该跨境电子商务平台是以孙某的名义与费用来处理事务的，孙某与该跨境电子商务平台之间成立的是委托合同关系还是买卖合同关系？

（2）保税区入驻企业本质上属于境外企业还是境内企业？

案例讨论答案

（案例来源：江苏省高级人民法院，案例经编者加工整理）

一、同步练习

1. 填空题

（1）电子商务经营者的一般法律义务是指 _____ 、_____ _____ 以及通过自建网站、其他网络服务销售商品或者提供服务的 _____ 都应当遵循的法律义务。

（2）主流的电子商务模式有 B2B（_____）、B2C（_____）和 C2C（_____）三种。

2. 选择题

《电子商务法》是何时开始实施的？（　　）

A. 2013年12月27日　　　　　　　B. 2018年8月31日
C. 2019年1月1日　　　　　　　　D. 2020年1月1日

3. 判断题

（1）电子商务经营者，是指通过互联网等信息网络从事销售商品或者提供服务的经营活动的自然人、法人和非法人组织，包括电子商务平台经营者、平台内经营者以及通过自建网站、其他网络服务销售商品或者提供服务的电子商务经营者。（　　）

（2）电子商务经营者应当按照承诺或者与消费者约定的方式、时限向消费者交付商品或者服务，并承担商品运输中的风险和责任，消费者自行选择快递物流服务提供者也可以。（　　）

4. 问答题

根据《电子商务法》的规定，电子商务经营者的一般法律义务主要有哪几类？

项目九同步练习答案

二、案例分析与应用

2015年12月25日，原告吴某在被告某商城购买了A公司第三代X43型43英寸2D智能LED液晶电视一台（包括16个月会员），原价2 599元，优惠511元，实付2 088元。被告在该商品介绍下方写明"支持7天无理由退货"。2015年12月26日，被告送货人员将原告购买的电视送至原告家中。下午A公司人员前往原告家中安装、调试电视。原告在傍晚观看电视时，发现电视屏幕四角均有漏光现象。2015年12月29日，原告在被告网站上以电视漏光为由申请退货。被告请原告先联系厂家检测，开具检测单。随后，原告通过A公司电视10109000客服反映上述事宜。2015年12月30日，A公司委派售后人员至原告处对电视进行检测，并于2016年1月2日将鉴定工作单发送至原告邮箱，鉴定工作单上记载外观状态"完好"，鉴定结果为"不符合换机"鉴定工作单下方的"说明"栏写明："故障鉴定必须遵循国家三包规定，有质量问题7天包退，30天包换，一年保修……" 2016年1月3日，原告再次致电某商城客服，要求无理由退货，不接受厂家的检测结果。客服人员称"此单商品已开包使用，无法无理由退货"，原告不接受客服的答复。2016年1月5日，被告客服联系原告，如果退货需外观、包装、附件完好齐全，上门取件有50元运费。原告表示不愿意承担运费，已到法院起诉被告。

案例思考题：该案件会如何发展？为什么？

案例分析与应用答案

（案例来源：中国司法案例网，案例经编者加工整理）

三、实务操作训练

各小组在网络上搜索有关电子商务法律的案例，然后分析所收集的案例都触犯了哪些法律条款？最后结果如何？最后以小组形式进行汇报（采用PPT形式），老师进行评比。

要求：
(1) 以小组形式完成任务。
(2) 调查前需对《电子商务法》有一定的了解。
(3) 小组以照片或其他资料作为参考依据。

参 考 文 献

[1] 黄亚宇,李玉民,潘劲松.经济法[M].北京:高等教育出版社,2020.
[2] 姜吾梅.电子商务法律法规[M].北京:电子商务出版社,2019.
[3] 仇兆波.经济法[M].2版.北京:北京理工大学出版社,2021.
[4] 朱保芹.营销法律实务[M].北京:电子工业出版社,2015.
[5] 周江洪,陆青,章程.民法判例百选[M].北京:法律出版社,2020.
[6] 朱长根,张靖,谢代国.新编经济法教程[M].北京:北京理工大学出版社,2020.
[7] 王泽鉴.债法原理:第一册[M].北京:中国政法大学出版社,2001.
[8] 曲振涛,王福友.经济法[M].北京:高等教育出版社,2007.
[9] 罗荣,黄南平.经济法教程[M].广州:华南理工大学出版社,2006.
[10] 财政部注册会计师考试委员会办公室.经济法[M].北京:经济科学出版社,2004.
[11] 杨紫烜.经济法[M].北京:北京大学出版社,2001.
[12] 潘静成,刘文华.经济法[M].2版.北京:中国人民大学出版社,2007.
[13] 杜月秋,孙政.民法典条文对照与重点解读[M].北京:法律出版社,2020.
[14] 王志伟.商贸法律实务[M].北京:中国纺织出版社,2018.
[15] 李彬,刘凤.经济法实践[M].北京:北京理工大学出版社,2021.
[16] 王允高.经济法[M].北京:北京理工大学出版社,2019.